JOSÉ BONIFÁCIO

Dados Internacionais de Catalogação na Publicação (CIP)
(Câmara Brasileira do Livro, SP, Brasil)

Silva, José Bonifácio de Andrade e, 1763-1838.
José Bonifácio / organizador José Luiz dos Santos. – São Paulo: Ícone, 1998. – (Série pensamento americano / coordenador da série Wanderley Loconte).

Bibliografia.
ISBN 85-274-0526-1

1. Brasil – História – Independência, 1822 2. Brasil – História – I Reinado, 1822-1831 3. Políticos e estadistas – Brasil – Biografia 4. Silva, José Bonifácio de Andrade e, 1763-1838 – Biografia I. Santos, José Luiz dos, 1949 – II. Loconte, Wanderley. III. Título. IV. Série.

98-1667 CDD-923.281

Índices para catálogo sistemático:

1. Brasil: Políticos: Biografia e obra 923.281

JOSÉ BONIFÁCIO

Organizador
José Luiz dos Santos

Coordenador da série
Wanderley Loconte

Ícone
editora

Série
Pensamento Americano

Coordenador
Wanderley Loconte

Capa
William Jones

Diagramação
Rosicler Freitas Teodoro

Revisão
Antônio Carlos Tosta
Daniel Ricardo Billerbek Nery

ÍCONE EDITORA LTDA.

Rua das Palmeiras, 213 – Sta. Cecília
CEP 01226-010 – São Paulo – SP
Tels. (011)825-7074/826-9510

ÍNDICE

Vida e obra

Amei a liberdade e a independência
Da doce cara pátria a quem o Luxo
Oprimia sem dó, com riso e mofa
Eis o meu crime todo

(Extraído de *Ode aos baianos*, escrito por
José Bonifácio exilado na França)

José Bonifácio de Andrada e Silva, poeta apenas razoável, foi um pesquisador viajado e conhecido, funcionário da alta burocracia em Portugal e autor de opiniões muito claras sobre as mudanças econômicas e sociais de que o Brasil necessitava. É mais lembrado, porém, por sua participação política no processo de independência do Brasil, quando atuou no sentido de garantir a autonomia do país e a sua integridade territorial.

José Bonifácio nasceu aos 13 de junho de 1763 na Vila de Santos, Província de São Paulo, filho de família numerosa e rica. Aos 14 anos, após seus estudos básicos, foi para São Paulo, a capital da província, preparar-se para os cursos superiores nas escolas mantidas pelo bispo Frei Manuel da Ressureição.

Aluno bem sucedido, em 1783 ingressou na Universidade de Coimbra, Portugal, matriculando-se nos cursos de Direito e Filosofia Natural. Bacharelou-se em 1787, e sua formação em filosofia enfatizou a minerologia.

José Bonifácio atraíra a atenção do Duque de Lafões, principal representante da nobreza esclarecida da metrópole. Graças a este apoio, em 1789 foi aceito como membro da Academia Real das Ciências de Lisboa. Em 1790, a Academia publicava seu primeiro trabalho: **Memória sobre a pesca das baleias e extração de seu azeite**. Teve início, então, um período intenso de estudos e pesquisas voltados principalmente para a mineralogia, metalurgia e disciplinas associadas.

Com financiamento da Corte, esteve por 10 anos viajando pela Europa para completar sua formação. Começou por Paris em 1790, esteve depois na Saxônia, Áustria, Itália, Suécia e Noruega e ganhou o reconhecimento dos cientistas europeus e de suas associações, por suas pesquisas e estudos. Entre eles, destacam-se a **Memória sobre os diamantes do Brasil**, publicado na França (1792), e a **Exposição sucinta dos caractéres e das propriedades de alguns novos minerais da Suécia da Noruega**, publicado originalmente na Alemanha (1800), e em seguida na França e na Inglaterra.

De volta a Portugal, a Coroa tratou de incorporá-lo a seu serviço. Logo em 1801, o Regente D. João deu-lhe por decreto o título de Doutor em Filosofia Natural e criou para ele uma cátedra de metalurgia na Universidade de Coimbra. Seguiram-se diversas atribuições administrativas ligadas à mineração, chegando no mesmo ano a Intendente Geral das Minas e Metais e Diretor da Casa da Moeda. Em 1802 foi encarregado do replantio de árvores na costa, em 1806 foi feito desembargador e em 1807 foi nomeado para cuidar de obras públicas.

O trabalho administrativo era acompanhado de novos estudos e pesquisas, como a **Memória sobre minas de carvão e ferrarias de Foz do Alge** (1813), a **Memória sobre a necessidade e utilidade de plantio de novos bosques em Portugal** (1813), a **Memória sobre a nova mina de ouro da outra banda do Tejo** (1815), o **Elogio Acadêmico de D. Maria I** (1817), a **Memória sobre as pesquisas e lavras dos veios de chumbo** (1818) e o **Discurso histórico perante a Academia Real das Ciências de Lisboa** (1819), no qual se despediu de Portugal.

Suas muitas ocupações simultâneas colocavam-no em intensa atividade e garantiam-lhe muitos adversários, tanto mais que seu estilo aguerrido e direto e suas intenções inovadoras eram recebidos com má vontade pela burocracia portuguesa com que tinha de lidar. Desgastado, a partir de 1806 já queria voltar à sua pátria de origem, mas só em 1819 conseguiu permissão da Coroa.

Antes disso, em 1808, a Corte é que foi para o Brasil saindo às pressas com medo das tropas napoleônicas e dependente da retaguarda inglesa. José Bonifácio ficou e foi à guerra contra o invasor, participando do corpo acadêmico de Coimbra, onde chegou a tenente-coronel, nas campanhas de 1808-1810 que expulsaram os franceses.

Voltou a um Brasil transformado. Desde 1815 a colônia tornara-se Reino Unido e era governada por D. João VI, coroado no Rio de Janeiro. Convidado pelo monarca, José Bonifácio evitou assumir compromissos na Corte, preferindo gozar sua aposentadoria com os familiares em Santos. Em 1820 empreendeu a **Viagem Mineralógica da Província de São Paulo**, que só foi publicada em 1827 na França, e escreveu a **Memória Econômica e Metalúrgica** a respeito de uma fábrica de ferro no interior de São Paulo.

Logo estaria de volta à vida pública. Em 1820, D. João VI nomeou-o Conselheiro de Estado. Nesse mesmo ano, a Revolução Liberal do Porto expulsou os ingleses de Portugal, exigiu a volta de D. João VI, impôs uma monarquia constitucional que limitava o poder do rei, e estimulou a realização de eleições para a formação de juntas de governo nas províncias. No ano seguinte, D. João VI regressou deixando seu filho Pedro como Regente. José Bonifácio foi eleito representante das paróquias de Santos e São Vicente e, depois, vice-presidente do Governo Provisório de São Paulo. Ainda em 1821 atuou com energia no sentido de manter o Príncipe Regente no Brasil contra as instruções de Lisboa. Em janeiro de 1822, D. Pedro nomeou-o Ministro de Estado do Reino e Negócios Estrangeiros. Foi o primeiro brasileiro a ocupar cargo tão importante e desempenhou suas funções com grande autoridade.

Sua participação no governo monárquico durou 18 meses e atuou firmemente na política interna. Enfrentou o grupo maçônico que considerava radical e exilou seus líderes; transferiu para Lisboa as tropas portuguesas rebeladas contra a permanência de D. Pedro no Brasil; preparou as forças militares brasileiras para defender a unidade nacional, contratando oficiais estrangeiros que conduziram a sangrenta guerra da independência em algumas províncias; atacou com firmeza os interesses portugueses no país e participou ativamente das medidas que foram conduzindo o Brasil para a decretação formal de sua independência política, atuando também para conseguir apoio e reconhecimento internacional.

A par de sua atividade política, produziu textos importantes como as **Lembranças e apontamentos** (1821), instruindo os representantes paulistas nas Cortes de Lisboa, a **Representação do Governo de São Paulo ao Príncipe Regente** (1821), que pedia a permanência de D. Pedro no Brasil, os decretos de criação do Conselho de Procuradores do Brasil (1821), de convocação da Assembléia Constituinte e Legislativa (1822) e da instituição de uma lei de imprensa (1822). Redigiu também o **Manifesto aos governos e nações amigas** (1822), marco do ingresso do Brasil nas relações internacionais, e uma importante correspondência diplomática na qual ressaltam as **Instruções para o Consul em Buenos Aires** e as **Instruções ao Encarregado de Negócios em Londres**, ambas de 1822. Entre suas principais propostas para a sociedade brasileira estão os **Apontamentos para a civilização dos índios bravos** e a **Representação sobre a escravatura**, de 1823.

Demitido do ministério em julho de 1823, ainda pôde participar, dos trabalhos da Assembléia Nacional Constituinte e Legislativa para a qual havia sido eleito, sendo um dos redatores da proposta de constituição por esta formulada. Quando D. Pedro I dissolveu a Assembléia, José Bonifácio foi preso, recolhido a uma fortaleza militar e partiu em seguida com a família para o exílio na França. Havia passado apenas 4 anos no Brasil.

Retornou ao país em 1829, e foi viver retirado na Ilha de Paquetá. Em 1831 D. Pedro I abdicou ao trono e nomeou-o tutor de seus filhos. Dois anos depois, a Regência o destituiu. José Bonifácio, então com 70 anos, recusou-se a abandonar o cargo e foi preciso uma mobilização militar para executar a decisão do governo.

Ficou em prisão domiciliar em Paquetá enquanto era processado, acusado de perturbar a ordem pública e participar de uma suposta conspiração para reconduzir D. Pedro I ao trono do Brasil. Apesar dessas dificuldades, já era conhecido como o Patriarca da Independência. No julgamento em 1835, ao qual não compareceu, foi absolvido por unanimidade pelo juri popular.

José Bonifácio faleceu em Niterói no Rio de Janeiro, a 6 de abril de 1838.

Época e Pensamento

Acusam-me alguns que plantei a monarquia – sim, porque vi que não podia ser de outro modo então... sem a monarquia não haveria um centro de força e união, e sem esta não se poderia resistir às Cortes de Portugal e adquirir a independência.

(Trecho dos manuscritos de José Bonifácio)

A independência brasileira esteve longe de ser um assunto exclusivamente doméstico. A ruptura com Portugal relacionou-se a um conjunto de mudanças políticas e econômicas na Europa e no continente americano. As idéias burguesas triunfavam, tendo como marco a Revolução Francesa. O proletariado emergia com a Revolução Industrial, a qual demandava a ampliação de mercados. A Inglaterra tornava-se a principal potência mundial, comprometida com a ampliação do comércio e adversária da escravidão.

Tanto as mudanças políticas quanto as econômicas foram centradas no liberalismo. Na proposta liberal, a economia deveria orientar-se pela liberdade de mercado, condenando-se a interferência do Estado; a concorrência teria uma capacidade reguladora, garantindo produção, preços e níveis de emprego adequados.

No plano político, o liberalismo propunha a instituição de governos com parlamentos representativos e, segundo a fórmula do pensador francês Barão de Montesquieu (1689-1755), concebia a separação e equilíbrio dos poderes executivo, legislativo e judiciário.

Ideologicamente, o liberalismo enfatizava o indivíduo, suas necessidades e aspirações e a liberdade para persegui-las, colocando em plano secundário a solidariedade fundamentada em laços comunitários ou religiosos. Nessa ideologia, a valorização e defesa da propriedade era um aspecto crucial.

As idéias políticas ficavam entre a proposta de reforma, que visava organizar monarquias regidas por constituições liberais, e a revolução que pregava contra os regimes monárquicos e defendia a implantação de governos republicanos. Nas colônias americanas, predominava o ideal republicano na luta pela emancipação política, e o Brasil foi uma importante exceção, ao lado das breves experiências monárquicas da independência do México e do Haití.

Portugal, regido por uma monarquia absolutista, participava de maneira secundária desses processos. Sua economia era dependente da exploração colonial e atrelada à Inglaterra. As tentativas de adequar-se às mudanças em curso eram tênues, com pouca repercussão na sociedade portuguesa e apoio inconstante das suas elites dirigentes.

Relações entre Portugal e Inglaterra.

Em 1703 Portugal e Inglaterra assinaram o Tratado de Methuen, que estabelecia preferências para os vinhos portugueses na Inglaterra e para os produtos têxteis ingleses em Portugal. Esse tratado influiu na economia portuguesa, dificultando seu desenvolvimento industrial e promovendo a desigualdade na balança comercial entre os dois países. Foi precedido de meses por outro acordo, este de natureza política, a respeito da guerra de sucessão espanhola: Portugal se aliava à Inglaterra, Áustria e Holanda (a *Grande Aliança*) favorecendo a dinastia Habsburgo contra os interesses franceses dos Bourbons. Portugal visava proteger-se da dominação de uma Espanha apoiada pela França, mas colocava-se dependente da Inglaterra. A dependência já vinha sendo costurada em outros acordos. Por um tratado de 1642, os portugueses haviam se obrigado a comprar suas embarcações na Inglaterra e a não fazer acordos que dessem a outros mais privilégios que aos ingleses. Um tratado de 1654 concedia à Inglaterra regime de alfândega preferencial para seus produtos e permissão de navegar para as posses portuguesas na África e Índia. Dadas as grandes vantagens inglesas, esse conjunto de acordos ficou conhecido como *Tratados Desiguais*. A situação de dependência e o dinamismo da economia inglesa fizeram com que parte considerável do ouro extraído no Brasil no século XVIII acabasse na Inglaterra, ajudando a financiar o desenvolvimento de seu capitalismo.

O parque manufatureiro português era restrito, até mesmo em decorrência de acordos que privilegiavam os produtos ingleses. Na tentativa de proteger esse setor da economia e garantir-lhe mercados, a metrópole colonial havia proibido em 1785, por ato de D. Maria I, o desenvolvimento das manufaturas no Brasil.

Quanto às relações com a Europa, uma preocupação constante dos governantes portugueses era garantir a autonomia política de Portugal em relação à vizinha Espanha. Na medida em que a oposição política entre a França e a Inglaterra se agravou após a Revolução Francesa, Portugal passou a ser palco do confronto entre ambas, culminando com sua invasão por tropas de Napoleão Bonaparte Essa situação levou a Corte portuguesa a transferir-se para o Brasil em 1808.

A economia, a sociedade e a política portuguesa, que mudavam em passos lentos, receberam de maneira dramática o impacto das transformações européias, com a guerra e a desorganização provocada pela ausência súbita da monarquia governante. Para o Brasil, as conseqüências desses acontecimentos seriam marcantes, pois a presença da sede da monarquia portuguesa no Rio de Janeiro fez com que, na prática, fosse sendo superada a típica condição colonial anterior.

José Bonifácio e a Europa

Em Coimbra, o estudante José Bonifácio encontrou uma universidade que se adaptava às mudanças impostas a partir de 1770 pelo Marques de Pombal. Elas visavam superar o legado da influência jesuíta no ensino português, tido como retrógrado na medida em que não admitia a discussão de novas idéias. A reforma de Pombal pretendia estimular o conhecimento científico e formar quadros de elite atualizados com os mais recentes conhecimentos científicos.

As reformas de Pombal

Sebastião José de Carvalho e Melo, marquês de Pombal (1699-1782) foi o Secretário de Negócios Estrangeiros de Portugal no reinado de D. José I (de 1750 a 1777), exercendo amplos poderes. Governou à maneira do despotismo esclarecido então praticado por soberanos como Frederico II da Prússia, Catarina II na Rússia e Carlos III na Espanha, modalidade de governo na qual a monarquia absoluta promovia reformas visando o interesse do Estado e a melhoria das condições de vida de seus súditos, de acordo com o pensamento racional valorizado pelo Iluminismo. As reformas de Pombal visaram o estímulo à agricultura e à indústria, e atuaram sobre o comércio entre a metrópole e suas possessões ultramarinas, com a criação de companhias detentoras de monopólios. Aboliu a escravidão em Portugal, expulsou a Companhia de Jesus de todos os domínios do reino, e colocou fim à antiga diferenciação entre cristãos novos e cristãos velhos. A expulsão dos jesuítas, que controlavam o ensino, foi motivo para propor mudanças atualizadoras na educação em todos os níveis. Em seu governo a capital do Brasil mudou de Salvador para o Rio de Janeiro (1763) e alterou-se a divisão administrativa do país com a criação de novas capitanias, comarcas e vilas. Pombal declarou livres os índios e estimulou seu casamento com não-índios. Foram, também, criadas duas companhias gerais de comércio, uma para Pernambuco e Paraíba e outra para o Grão Pará e Maranhão.

O alcance das mudanças era limitado pelas condições sociais e políticas de Portugal. Os cientistas e acadêmicos achavam-se comprometidos com a monarquia absolutista, a qual era um tema importante de discussão e de crítica no âmbito das novas idéias.

Por conta desse atrelamento político, os estudos em Coimbra passavam ao largo das idéias de Jean Jacques Rousseau (1712-1778), pensador cujas idéias sobre o vida em sociedade e cidadania exerciam grande influência nos movimentos políticos da época, tanto na Europa quanto na América.

José Bonifácio foi não só um leal servidor da monarquia portuguesa; foi também um adepto da incorporação filtrada das novas teorias políticas européias. Conhecia-as, a despeito das limitações de Coimbra, e pôde estar exposto à influência delas em sua década de viagens de estudos e pesquisas pela Europa, as quais começaram justamente pela permanência de um ano na revolucionária Paris, onde chegou poucos meses após à queda da Bastilha. Ao longo de sua vida, José Bonifácio expressou-se de maneira negativa em relação à Revolução Francesa. Quanto à Inconfidência Mineira, ocorrida no mesmo ano, não há registro de que tenha tomado conhecimento ou dado importância a essa revolta contra a Coroa em seu país de origem.

Tomou conhecimento, porém, da Revolução Pernambucana de 1817, na qual seu irmão Antonio Carlos foi preso e condenado. José Bonifácio preocupou-se com ele, mas não comungou dessa proposta de ação política. No mesmo 1817 e pouco antes da Revolução em Pernambuco, José Bonifácio fizera, na Academia das Ciências de Lisboa, o elogio de D. Maria I, cujo governo não só reprimira a Inconfidência como impusera obstáculos à economia brasileira.

José Bonifácio estava sintonizado com as preocupações liberais e era a favor de mudanças na política e na sociedade, mas não apreciava os movimentos populares. Suas idéias, ao invés de Jean Jacques Rousseau, enfatizavam François-Marie de Voltaire (1694-1778), pensador que era favorável a governos monárquicos constitucionais, tendo a Inglaterra por modelo.

Completado seu período de formação européia patrocinado pelo governo português, coube a José Bonifácio participar das tentativas de colocar os novos conhecimentos a serviço da sociedade e da Coroa em Portugal. O ponto forte da sua formação era a metalurgia, campo de conhecimento considerado estratégico em virtude da Revolução Industrial. Tanto em seus estudos sobre os recursos minerais portugueses quanto nas suas funções administrativas nas minas e fundições, José Bonifácio procurou dar ao conhecimento científico uma aplicação prática. Ele o fez associando o conhecimento técnico e científico às políticas de governo e investimento econômico.Suas reflexões, no entanto, não se limitavam a isso e ficou conhecido em Portugal como um intelectual que opinava sobre os mais diversos assuntos, da literatura à organização da sociedade.

José Bonifácio e o Brasil

Retornando ao Brasil, José Bonifácio trouxe uma rica bagagem de conhecimentos e experiências, que o habilitou a envolver-se de maneira intensa na vida política do país.

Foi também um intelectual que pensava sobre a sua terra, criticando o que lhe pareciam ser suas mazelas e fazendo propostas de reforma na economia, na sociedade e na organização política. Nos estudos e relatórios que produziu em Portugal, José Bonifácio várias vezes refletiu sobre o Brasil, seus problemas e possibilidades, preocupação que manteve e aguçou em seu retorno. A parte principal de seus escritos, de suas análises e propostas para o Brasil, foi produzida no período de pouco mais de dois anos em que participou, intensamente, do processo que conduziu à independência.

Para José Bonifácio, a autonomia do país deveria vir junto com mudanças profundas na vida da nação. Suas idéias, porém, não foram recebidas dessa maneira, separando-se, na prática, em duas partes. Por um lado, associou a luta pela autonomia política à necessidade de garantir a integridade do Brasil e manter a monarquia; essa proposta foi vitoriosa e ele mesmo foi seu grande arquiteto. Por outro, desenvolveu uma visão prospectiva de nação brasileira a partir do reconhecimento de suas potencialidades, cujas concepções, no entanto, não eram do interesse da elite de que fazia parte. Elas incluíam a abolição do sistema escravista; a garantia de terras para os povos indígenas; a oposição à concentração fundiária; além de preocupações com a proteção ao meio ambiente, o combate à corrupção e o fomento à educação elementar.

Voltando ao Brasil após décadas de ausência, José Bonifácio encontrou-o modificado pela presença da Corte. As instituições de governo haviam sido implantadas no Rio de Janeiro. A Coroa, cedendo às pressões inglesas e atendendo a interesses comerciais internos, havia aberto o Brasil ao comércio internacional, privilegiando os ingleses através de tratados firmados em 1808 e 1810.

No Brasil, onde desde 1747 haviam sido proibidas as atividades gráficas, já funcionava uma Imprensa Régia e em Londres surgira um órgão brasileiro de imprensa, **O Correio Brasiliense.** As proibições à indústria haviam sido anuladas. Haviam sido criados cursos de nível superior de engenharia, medicina, cirurgia, economia, agricultura, química, desenho e ensino militar. O Rio de Janeiro contava com uma Biblioteca Pública e um Jardim Botânico.

A escravidão continuava a base da produção econômica do país, e o tráfico de escravos da África era intenso. No ideário liberal, as noções de liberdade individual e propriedade se chocavam no caso da escravidão. Prevaleciam, porém, as idéias de John Locke (1632-1704) para quem, entre a liberdade a que tinha direito o escravo como indivíduo e o direito de propriedade de seu dono, o Estado deveria priorizar o segundo.

Para os povos indígenas, a presença da família real portuguesa resultara num aumento das dificuldades. O interesse pelas terras indígenas se aguçou. Os grupos indígenas que viviam à margem da sociedade brasileira, então chamados índios bravos, eram vistos como um sério problema pela administração de D. João. Medidas extremas foram autorizadas: a chamada guerra justa contra os índios e a sua escravização.

A imensa maioria da população brasileira era negra e mestiça; entre a classe dominante difundia-se a preocupação com o exemplo do Haiti, onde uma violenta revolução de escravos tomara o poder e proclamara a independência em 1804. Esse temor dos negros levava setores de elite a aspirar pela imigração de grandes contingentes de europeus, tidos por superiores e capazes de trazer a civilização para o Brasil. A defesa da imigração européia era feita, por exemplo, por José Maria Lisboa, futuro Visconde de Cairu, originário da Bahia e um dos principais funcionários brasileiros da Corte portuguesa transplantada.

Essa classe dominante continha três importantes setores. Predominavam os grandes fazendeiros, brasileiros, donos de latifúndios e escravos, empenhados na agricultura de exportação. Nas cidades que cresciam, concentravam-se os comerciantes e os funcionários da corte; eram, na maioria, portugueses.

Todos esses grupos se beneficiavam da mudança da Corte para o Rio de Janeiro. Os proprietários de terra viram facilitada a resolução de seus assuntos e pleitos administrativos, pela proximidade e maior interesse da administração monárquica pelo Brasil; os comerciantes podiam expandir suas atividades, sem ter mais a metrópole como intermediária e a burocracia, em grande parte transplantada de Portugal, passava a depender da presença da

Corte no Rio de Janeiro para garantir suas posições e vantagens.

A abertura dos portos e a crescente presença de interesses ingleses no Brasil haviam rompido o vínculo até então compulsório das elites econômicas com Portugal, e novas possiblidades de enriquecimento econômico foram se desenvolvendo. Para a Inglaterra, as implicações da nova situação eram muito favoráveis, e o Brasil já se tornara uma unidade de comércio direto, independente de Portugal. Desse modo, a presença da família real ajudou a criar condições para o aumento de tendências autonomistas no Brasil. A autonomia ia se transformando numa realidade política e econômica, internamente e nas relações internacionais.

O liberalismo econômico desenvolvido na Europa era a ideologia dessa situação, ainda que o comércio livre praticamente se resumisse a comércio com a potência inglesa. É fato, também, que as elites brasileiras logo aprenderam a pregar idéias liberais e buscar favores do Estado, o qual, segundo o liberalismo, deveria estar distante de interferir na competição econômica.

A situação do Brasil, Reino Unido e com monarquia portuguesa instalada, era muito peculiar em relação às demais colônias européias na América. Na América do Norte, a independência política havia sido proclamada em 1776 e sua Declaração de Independência era um documento que inspirava movimentos similares em outras partes do continente.

Quando José Bonifácio voltou ao Brasil em 1819, movimentos de revolta contra a dominação colonial estavam disseminados pela América. O Paraguai proclamara sua independência em 1813, a Argentina libertara-se do domínio espanhol em 1816 e o Chile em 1818. No Brasil, a ideologia do liberalismo econômico não defendia mudanças políticas radicais, ainda mais com a derrota da Revolução Pernambucana que as tinha assumido em 1817. A autonomia brasileira caminhava associada à monarquia, característica que José Bonifácio entendeu e ajudou a transformar numa bem sucedida estratégia.

Autonomia ou independência

Os debates sobre o futuro do país tornaram-se mais aguçados pela situação política em Portugal, onde era crescente a insatisfação com a monarquia absolutista, com a presença de ingleses na administração do país e com a continuidade da Família Real no Brasil. De fato, Napoleão havia sido derrotado em 1815 e D. João VI não dava sinais de que pretendesse retornar a Lisboa. Comerciantes, militares e letrados organizaram-se em sociedades secretas e lojas maçônicas para recuperar sua antiga posição. A Revolução Liberal do Porto, em 1820, expressava essas preocupações: expulsou os ingleses e convocou uma Constituinte. Nela deveriam estar representantes das províncias brasileiras.

Num primeiro momento, os parlamentares reunidos em Lisboa pareciam desejar mudanças políticas positivas na América. Tanto era assim que prometiam respeitar a opinião dos brasileiros quanto a assuntos referentes ao Brasil.

José Bonifácio participou da escolha dos representantes paulistas que iriam a Lisboa e ingressou no governo da Província de São Paulo. Aceitou com tanta boa fé o processo legislativo das Cortes que ocupou-se em organizar a representação paulista, com instruções a respeito dos vários temas que estariam sendo discutidos na capital portuguesa.

A idéia dominante nas elites, e que José Bonifácio encampava, era a de manter a autonomia política do Brasil, dando uma forma constitucional ao sistema de Reino Unido que garantisse as peculiaridades de cada país, formando um império luso-brasileiro com base em duas nações irmãs. Os deputados portugueses não concordavam com essa proposta. O próprio sistema de convocação de deputados, feito por províncias, desconsiderava o Brasil como unidade política. Suas medidas iam no sentido de negar o sistema de Reino Unido, inviabilizando a proposta de autonomia em associação com Portugal. Criou-se um impasse entre os dois países.

Como muitos outros membros da elite, José Bonifácio insistia na autonomia do Brasil; se não fosse como Reino Unido a Portugal, haveria de ser como país independente. Foram os acontecimentos políticos nas Cortes que empurraram as classes dominantes de várias províncias, notadamente São Paulo, Rio de Janeiro e Minas Gerais, para o caminho da independência formal do Brasil. Os líderes desse movimento tinham sua sustentação principal nos grandes fazendeiros, o que lhes valeu desde logo serem chamados de Partido Brasileiro. Do movimento também participaram, nem sempre com o mesmo entusiasmo, os comerciantes e a burocracia monárquica, chamados de Partido Luso ou Português.

Ao não reconhecer o Brasil como uma unidade, as Cortes sugeriam às províncias a possibilidade de que cada qual se colocasse em relação direta com Lisboa. A preocupação de José Bonifácio passou a ser tanto a de garantir a autonomia quanto a unidade do país.

O projeto de autonomia com unidade começou a se tornar viável quando o Príncipe Regente desobedeceu às Cortes e decidiu permanecer no Brasil, atendendo aos apelos do Partido Brasileiro e de um grupo do Partido Português, que se cindiu na ocasião, interessados na liberdade econômica e administrativa que o país usufruía. Essa decisão, cuja data (09.01.1822) ficou conhecida como *Dia do Fico* acelerou o rompimento com Portugal e deu a D. Pedro o papel de símbolo da unidade brasileira. Nas articulações a favor da autonomia, a maçonaria teve uma uma importante participação; em várias oportunidades seus representantes lutaram para que o processo fosse agilizado e radicalizado.

No período em que foi ministro do governo, antes e depois da coroação de D. Pedro I, José Bonifácio conduziu a transformação do objetivo da autonomia em independência política do Brasil. Um mês antes do 7 de Setembro de 1822, ele anunciou-a ao mundo através de um manifesto que escreveu e o Príncipe Regente assinou.

Essa transição política tinha limites bem definidos: deveria ser realizada sem ruptura com os interesses das camadas dominantes do país, sem questionar a escravidão ou o latifúndio e com o apoio de seus beneficiários. Com isso, as idéias de reforma de José Bonifácio não tiveram aceitação. Os problemas que localizou e as soluções que propôs tiveram atualidade por muito tempo e alguns ainda persistem; só por isso já vale a pena conhecê-los.

Fraqueza de indústria e educação

As primeiras décadas do século XIX assistiram a esforços visando o estabelecimento de fábricas no Brasil.

As medidas de incentivo tomadas pelo Príncipe Regente D. João eram influenciadas pelo liberalismo do brasileiro José Maria Lisboa, que preocupava-se em conciliar a industrialização com o poderoso setor agrário exportador do país. Projetava-se a produção de bens de consumo fácil e imediato atendendo às necessidades da população brasileira, como têxteis e embarcações. Isso foi, no entanto, enfraquecido pelos privilégios dados aos produtos manufaturados ingleses e, logo, de outras nações.

Ao final da década de 1820, o Brasil permanecia um país fundamentalmente agrícola com algumas fábricas isoladas. Entre elas, havia uma metalúrgica, em Sorocaba, interior paulista. José Bonifácio inspecionou-a e a criticou asperamente em relatório enviado a D. João VI, no qual apontava a má administração, a falta de competência técnica, o desperdício e a corrupção. Eram males que localizava também em outros setores da vida brasileira e que tinha por obstáculos ao crescimento econômico do país.

José Bonifácio pensava que a indústria era fundamental para as nações modernas e valorizava muito uma educação que pudesse generalizar as ciências úteis. Ocorre que, também na educação, a situação do país era precária.

Durante cerca de dois séculos o ensino elementar e secundário dos jesuítas fora predominante na educação regular. Quando foram expulsos em 1759 além das inúmeras escolas de formação básica contavam com 17 colégios e seminários. No Brasil, ruim com os jesuítas, pior sem eles: por muitos anos nada os sucedeu. O governo limitou-se a decretar novas normas, possiblitando, por exemplo, o ensino de línguas modernas e em 1772 criou um imposto para financiar o ensino elementar e secundário, cujo resultado foi insatisfatório.

A despeito de algumas iniciativas isoladas, a situação de abandono da educação no Brasil só começou a ser alterada com a instalação da Corte no Rio de Janeiro em 1808. Ocorre que o governo não cogitou do ensino elementar, preferindo concentrar-se em cursos, academias e instituições voltadas para a formação superior.

Jose Bonifácio entendia que o sucesso de um governo constitucional dependia da instrução e moralidade dos brasileiros. Queria superar a precariedade da educação no país começando com a generalização do ensino básico. Sintonizado com o utilitarismo do filósofo inglês Jeremy Bentham (1748-1832), seu contemporâneo, queria facilitar nas províncias o estudo das ciências que tivessem aplicação prática. Para ele, pelo menos uma universidade deveria ser criada no Brasil.

Distribuir a terra

O Brasil chegou ao século XIX com as terras ocupadas por imensas sesmarias que, por estarem na base dos grupos de poder no país, eram praticamente intocáveis. José Bonifácio considerava-as um empecilho para a economia e a sociedade brasileiras. Muitas dessas propriedade permaneciam total ou parcialmente desocupadas. Era necessário, julgava, mudar essa situação que complicava a administração pública no interior do país, dispersando os centros de população e relegando seus moradores ao abandono. No seu entender a maior parte dessas terras deveria voltar ao patrimônio nacional para ser doada, em pequenas parcelas, para os setores mais pobres da população brasileira.

A terra na formação do Brasil

Em 1531 e 1532, Martim Afonso de Souza distribuiu as primeiras porções de terra no Brasil, chamadas *sesmarias*, para a implantação de engenhos de açucar. A tendência à concentração de terras acentuou-se com o regime de capitanias, instituido por D. João III. Era uma forma de divisão administrativa do país, pela qual os donatários tornavam-se governadores das capitanias, tendo direito de formar vastas propriedades para sí e distribuir terras como sesmarias a quem lhes aprouvesse, desde que fossem cristãos e pudessem povoá-las, desenvolvê-las e protegê-las. Com o fracasso da maior parte das capitanias e a instituição do Governo Geral no Brasil (1548), permaneceu a concessão de sesmarias como instrumento da administração portuguesa para incentivar a colonização. O tamanho das sesmarias variou ao longo da história colonial; começou, porém, definindo grandes extensões de terra e favoreceu o desenvolvimento do latifúndio no país.

Preocupava-se também em impedir o desmatamento indiscriminado e queria que se deixasse sempre com matas uma parte de cada propriedade, que só poderia ser derrubada com a condição de novos plantios de árvores. Era uma motivação de natureza econômica, para garantir a lenha e madeira de que então se fazia uso.

O melhor uso da terra, porém, não se faria apenas com sua melhor partilha e a multiplicação de propriedades: dependia, também, da adoção de novas técnicas de cultivo, com as quais a produção poderia aumentar com menos trabalhadores. Acusava as queimadas e derrubadas da agricultura brasileira de esterilizarem as terras e destruírem um rico patrimônio de madeiras úteis.

Preservação da Natureza: o cuidado com os recursos como política de governo.
FONTE: Spix e Martius, Viagem pelo Brasil.

Novas técnicas implicariam numa ocupação racional da terra, evitando-se assim a destruição das matas dos cumes, particularmente importantes por garantirem umidade às partes mais baixas. Considerava, ademais, que as matas virgens deveriam ser preservadas como um patrimônio para as gerações futuras.

As preocupações de José Bonifácio com a terra formavam um conjunto inédito entre os políticos da época. O uso adequado desse recurso dependia do fim da escravidão e da proliferação de pequenos produtores. A preservação dos recursos florestais como herança para a posteridade aproxima-se mais do debate ecológico contemporâneo do que das discussões políticas da época.

O cancro da escravidão

A escravidão, introduzida no Brasil com as grandes propriedades monocultoras voltadas para a exportação, estendeu-se da primeira metade do século XVI até quase o final do século XIX.

Não podendo contar com apoio efetivo, dentro da sociedade colonial, para acabar com a escravidão a principal modalidade de luta dos escravos consistia em fugir e se organizar em quilombos para viver por conta própria, enfrentando a repressão armada movida pelo governo e fazendeiros. Nas primeiras décadas do século XIX, notícias de quilombos ainda eram comuns.

O aumento da população urbana provocara também uma maior concentração de negros em algumas cidades, como o Rio de Janeiro e Salvador, dando ensejo a uma intensificação de contatos entre escravos de mesma etnia e criando condições para sua organização. A par de expressões culturais de origem africana, que começaram a se estabelecer nas cidades, aumentaram também as revoltas contra a escravidão, como a Conjuração Baiana de

1798, envolvendo escravos e negros libertos. Nas primeiras décadas do século XIX, ocorreram em Salvador várias revoltas dos malês, negros islamizados, muitos dos quais alfabetizados em sua língua e com grande capacidade de mobilização.

As lutas políticas no Brasil, lideradas por membros das camadas dominantes contra a condição colonial não costumavam empunhar a bandeira da transformação social. Tanto na Inconfidência Mineira quanto na Revolução Pernambucana de 1817, os revoltosos não propunham a abolição da escravidão, ainda que discutissem o tema.

Escravos: abolicionismo lento e políticas sociais. FONTE: Spix e Martius, Viagem pelo Brasil.

José Bonifácio, por sua vez, manifestava-se vigorosamente contra a escravidão, que considerava um cancro na nação brasileira. Utilizava argumentos de natureza moral para condená-la e aos horrores que engendrava. Denunciava a devastação na África, o transporte desumano e assassino para o Brasil, e as condições de opressão física e moral em que eram obrigados a viver esses africanos e seus descendentes escravizados.

Procurava sensibilizar a elite brasileira com um argumento utilitário, tentando convencê-la dos malefícios econômicos da escravidão. Dizia que o escravismo implicava na imobilização irracional de vultosos recursos que, segundo ele, poderiam ser melhor aplicados no crescimento econômico. Questionava a rentabilidade do trabalho escravo e os malefícios indiretos que ocasionava, por estar associado à formação de uma classe dominante preguiçosa e sem iniciativa. Apontava ainda a destruição ambiental que a escravidão provocava, com queimadas e desmatamentos desproporcionais, fruto da aplicação de trabalhadores sem qualquer incentivo ou motivação. Queria a abolição gradual do tráfico, no período máximo de 5 anos, junto com medidas de incentivo à alforria, humanização do tratamento dos escravos e sua preparação para a vida em liberdade.

Um destino para os índios

A situação dos povos indígenas brasileiros sofrera um retrocesso em meados do século XVIII, quando a administração do Marquês de Pombal determinou que se lhes ensinasse o português e transformou as aldeias indígenas em vilas e povoações de livre acesso a não-índios para nelas morar. A miscigenação foi incentivada como parte de uma estratégia de esvaziar as características sociais e os costumes desses povos. Em muitas partes, os efeitos dessa política foram o desaparecimento dos povos indígenas, as aldeias servindo de base para a formação de cidades e as terras indígenas ocupadas pelas lavouras dos colonos.

Os povos indígenas conheceram, posteriormente, novos revezes. Medidas legislativas de 1798 proibiram a guerra ofensiva contra os índios mas autorizaram a defensiva, assegurando o apresamento dos vencidos, e criaram mecanismos para colocar o trabalho indígena à disposição da Coroa e de particulares. Essa tendência de tratamento duro com as populações indígenas apenas tornou-se mais evidente com a instalação da Corte no Brasil, a tal ponto que a caça e extermínio de índios transformou-se numa profissão, a de bugreiro, que existiu no Brasil até bem avançado o século XX.

Foi por oposição a esse quadro, que José Bonifácio desenvolveu suas idéias a respeito da incorporação dos índios bravos à nação brasileira. Sua opinião sobre eles era inteiramente desfavorável. Tinha-os por vagabundos, preguiçosos, violentos, presunçosos e criticava seus usos. Tais características, no entanto, não eram vistas como inerentes aos índios enquanto homens, mas sim enquanto selvagens. Para ele, era necessário criar condições para que pudessem mudar sua maneira de viver, de modo que deixassem de ser selvagens para se transformar em civilizados.

Essa transição, que julgava difícil, dependia da justa ação do Estado, da interrupção da longa história de perseguição e sofrimento que portugueses e brasileiros tinham imposto e continuavam impondo aos índios, e da criação de procedimentos adequados. Enfatizava a necessidade de que os brasileiros admitissem terem sido usurpadores dos índios, e parassem de se apropriar de suas terras. A concepção liberal estava presente nessas propostas: a propriedade indígena sobre as terras deveria ser reconhecida e os não-índios só poderiam se apossar delas mediante compra.

Índios bravos: Propriedade das terras e aldeamentos para civilizá-los. FONTE: Spix e Martius, Viagem pelo Brasil.

O objetivo claro era integrá-los de maneira que lhe parecia eficaz à sociedade brasileira. Os índios deveriam ser trazidos das matas e aldeados. Mantinha-se a ênfase pombalina nos matrimônios entre não índios e índios. Ao mesmo tempo que valorizava a moradia de não-índios nas aldeias, queria criar mecanismos para que essa presença não viesse servir para seu empobrecimento. Para melhor civilizá-los, julgava que bons brasileiros fossem indicados como seus líderes. Queria deixá-los a cargo de missionários capazes de entender suas línguas, usos e costumes diversos, para melhor domesticá-los. Era uma política que, se visava preservar a vida e a propriedade dos índios, queria ao mesmo tempo eliminar a existência de sociedades indígenas no Brasil independente que estava sendo formado.

Os brasileiros

José Bonifácio, como outros de seu tempo, era favorável à vinda de imigrantes europeus para o Brasil. Ele os via, principalmente, como trabalhadores afeitos às técnicas modernas que poderiam contribuir sobremaneira para a economia do país e ajudar na sua civilização.

Previa, ao mesmo tempo, uma miscigenação que incorporasse os índios e os negros. Ao propor o fim da escravidão tinha por horizonte uma nação homogênea a ser formada em poucas gerações. Para José Bonifácio, superar a diversidade de tipos humanos dentro da nação era condição essencial para a liberdade, respeitabilidade e felicidade dos brasileiros.

Partindo do princípio da igualdade básica das diversas populações que constituiam o Brasil, escravas ou livres, José Bonifácio propunha, através da mestiçagem, uma solução pragmática para integrá-las, criando uma dinâmica que pudesse sustentar a nova organização política que em sua época se discutia para o Brasil. Esse processo de mistura era concebido para ser intenso e ele o comparava com o amálgama de metais diversos. José Bonifácio queria os negros e índios como elemento formador do povo, mas sem reproduzirem seus costumes que considerava bárbaros ou selvagens. Para ele a nação brasileira amalgamada deveria estar de acordo com o modelo europeu. José Bonifácio considerava que para mais adequadamente participarem desse amálgama, índios e negros deveriam ser incentivados através do acesso à propriedade, treinados e educados.

O legado de José Bonifácio

A importância de José Bonifácio no processo de independência brasileira foi reconhecida desde sempre e, a despeito da tentativa de diminuí-la por parte de políticos e historiadores do Império, o julgamento da história lhe foi favorável. Ele deixou, também, um rico patrimônio de idéias e preocupações com o país. Gestadas num momento crucial da história do país, suas propostas marcaram, mesmo não sendo aplicadas, o debate sobre o Brasil e estabeleceram temas e referências que não foram esquecidos.

A PRIMEIRA CONSTITUIÇÃO BRASILEIRA

A primeira Assembléia Constituinte do Brasil independente começou seus trabalhos em maio de 1823. Nela predominou a tendência liberal, favorável ao aumento do poder das províncias e desconfiada dos interesses protugueses, em oposição à tendência realista, que favorecia a monarquia e o poder centralizador do rei. Em setembro de 1823 ficou pronta a proposta de constituição da assembléia, similar às constituições liberais européias. A tendência liberal saiu vitoriosa: as províncias ganharam maior poder, os fazendeiros foram beneficiados pelo voto censitário adotado, e limitou-se o poder do Monarca. A Corte, àquela altura sem José Bonifácio, não apreciou a proposta. O estopim da crise entre o Imperador e os deputados foi a discussão ocasionada por um projeto de lei que mandava expulsar do país os portugueses de má conduta. D. Pedro I dissolveu a Assembléia em novembro do mesmo ano e muitos constituintes foram presos. O monarca nomeou um Conselho de Estado para elaborar uma nova constituição, que outorgou em 1824. Esta repetia em grande parte a proposta da assembléia, com duas importantes diferenças: era centralizadora, e além dos poderes executivo, legislativo e judiciário, criava um quarto poder, o *Moderador* de competência exclusiva do monarca. Por outro lado, ampliou a representação política, adotando o sistema censitário baseado, na renda e não na propriedade da terra, o que incorporava à vida política os comerciantes e funcionários públicos, além dos fazendeiros.

A Assembléia Nacional Constitutinte e Legislativa de 1823 parecia, à primeira vista, ser uma importante ocasião de colocá-las em discussão, mas a sua própria composição social, fortemente assentada nas oligarquias rurais do país, inviabilizava sua aceitação. Isso pode ser observado na solução encontrada para o problema da escravidão. O máximo que concebeu o projeto de Constituição preparado pela Assembléia foi desconhecer o direito de propriedade sobre o escravo, transformando a relação senhor-escravo numa relação contratual. Quando, em 1824, D. Pedro I outorgou sua própria versão de Constituição, o tema nem foi tratado. O primeiro governo monárquico acabou reconhecendo o tráfico de escravos ao definir as taxações pelo mesmo devidas ao Estado. As discussões e as medidas para por fim à escravidão estenderam-se até o final do século XIX, e não foram distribuídas terras aos libertos, nem se cuidou de proteger a infância e a maternidade entre os escravos, nem tampouco de educá-los, como José Bonifácio pretendera.

Quanto aos índios, nada foi consignado, nem no projeto da Assembléia nem na Constituição de 1824; apenas em 1910 o governo federal instituiu o Serviço de Proteção aos Índios. Seu inspirador e primeiro dirigente foi o sertanista e militar Cândido Mariano da Silva Rondon, que rendeu homenagem ao pensamento de José Bonifácio.

É verdade que a consagração das idéias de José Bonifácio em leis não garantia sua aplicação. Tal foi o caso com a educação. O projeto de da Assembléia Constituinte encampava suas propostas e a Constituição de 1824 previu a instrução primária gratuita e a existência de colégios e universidades. A despeito dessas disposições constitucionais, a precariedade do ensino no Brasil avançou pelo século XX, e a primeira universidade só foi criada pela República, em 1920, no Rio de Janeiro. Outros problemas apontados por José Bonifácio continuariam a acompanhar a trajetória do Brasil, tais como, a concentração de terras, o desmatamento indiscriminado, a corrupção e o desperdício.

A miscigenação prosseguiu tanto na prática social, quanto nas idéias dos intelectuais brasileiros, que a discutiram como um problema ou como uma solução. O Brasil resultante não é o amálgama homogêneo que ele previu, mas uma nação diversificada que seu pensamento e sua ação política ajudaram a construir.

TEXTOS

Nas reformas deve haver muita prudência: conhecer o verdadeiro estado dos tempos, o que estes sofrem que se reforme e o que deve ficar do antigo. Nada se deve fazer aos saltos, mas tudo por graus, como obra a Natureza.

(Trecho dos manuscritos de José Bonifácio)

MEMÓRIA SOBRE A PESCA DAS BALEIAS

O primeiro de muitos trabalhos científicos de José Bonifácio foi lido em 1789 na Academia Real das Ciências de Lisboa. Era uma memória sobre a pesca e extração de azeite de baleia no Brasil. Os excertos abaixo permitem observar como essa sua iniciação já é marcada por uma atitude de crítica e uma disposição a propor soluções que lhe pareciam racionais, entre as quais ressaltava o fim do regime de monopólio e o estabelecimento de condições efetivas de concorrência, além de um manejo mais adequado das populações de baleia.

"As pescarias em geral têm, a todos os economistas políticos até ao dia de hoje, merecido longas e bem fundadas recomendações. Desde o começo do século passado, as nações marítimas da Europa abriram os olhos sobre este ramo da indústria, tão interessante ao bem dos particulares como ao geral dos estados. Não precisa ter-se alguém empregado muito no estudo do comércio e da economia pública para entender quanto cumpre o fomentar as pescarias. Criadoras como a agricultura, elas sustentam a pouco custo os artífices e demais obreiros das fábricas e ofícios em que é preciso abaratar o trabalho por meio de uma cômoda subsistência. ...

A importantíssima e lucrosa pesca do bacalhau só aos ingleses em Portugal rende por ano mais de 700.000.000 de réis. ... Por que razão não buscam os portugueses aperfeiçoar a pesca da sardinha e do atum, e tirar dela o maior lucro possível? Nem hão de aproveitar o bacalhau do Minho, as pescadas e milhares de outros de que abundam nossas costas? As Ilhas de Cabo Verde, a costa de Angola e de Guiné, e o Brasil somente (de quem dizia o holandês *Pizon* na história natural daquele país que ... em abundância e excelência de pescado nenhuma região podia julgar mais afortunada) que de pescarias lucrosas não apresenta? As tainhas que em imensos cardumes nas suas migrações de agosto inundam as costas desde Santa Catarina até Cabo Frio, e de que há muitas de mais de 2 palmos; os bacalhaus do Rio São Francisco, Paranaguá, costa do sul da Bahia e costa de Santos; as cavalas, de duas espécies, e abundância de enchovas na costa do Rio de Janeiro; os muitos meros, de duas espécies e grandíssimos; as garoupas e pargos na Capitania do Espírito Santo; grande quantidade de sargos em Santos e Rio de Janeiro; e muitos outros pescados só esperam, para serem ramos importantíssimos de subsistência e aumento de povoação e de comércio, que um braço poderoso os fomente e lhes tire os empecilhos. ...

Venhamos ... a falar da pesca das baleias, que já desde 1615 ... estabelecemos os portugueses no Brasil, e que para segurar dali renda certa ao Estado, julgou útil então o governo fazê-la um contrato exclusivo. Mas seja lícito dizer que me parece melhor para aumento das rendas públicas por certos direitos no produto da pesca da baleia e fabrico de azeite, e indenizar-se assim do emporte da arrematação, ou ao menos mudar-se o contrato. ... O aumento e perfeição desta pesca necessita do aguilhão da emulação e concorrência; repartida pelos particulares, cada um tem interesse em aumentá-la e não se conserva em tão fatal imperfeição. Quando o preço da mercância, por mais barato que seja, paga a despeza do vendedor, utiliza a todos; porque afora o aumento e melhoria do gênero, é princípio de economia política que a abundância e bom preço de qualquer mercadoria contribui necessariamente para a cópia e barateza das demais. ...

... sempre me lastimou, apenas me vi munido do estudo das ciências naturais, a lembrança das desordens que vi e observei em algumas das armações de baleias no Brasil. Mas que se pode esperar de feitores estúpidos e inteiramente ignorantes da arte de pescar baleias e modo de extrair o azeite e que teimosamente crêem não poderem dirigir-se melhor estas manobras, só porque eles as têm dirigido assim há muitos anos? E com esta prática que, por ser sua, entendem ter a perfeição última, se mostram tão vaidosos a quem os quer bem aconselhar como pela sua autoridade se portam desumanos com os, por essa desgraçados, pretos do contrato. ...

... o primeiro erro capital que encontro é, sem dúvida, não se estabelecerem novas armações em todos os sítios próprios, desde a Bahia até ao Rio Grande de São Pedro. Na costa da Capitania de São Paulo apenas existe a armação da Bertioga, na Vila de Santos. Assim, em perto de 80 léguas de costa, fertilíssima toda ela de baleias, apenas há uma e esta muito mal regulada. Que utilidades se não tiravam do estabelecimento de novas armações nas entradas e barras dos rios e nas baias, de que abunda toda a costa, onde vai ter imensidade de baleias que podiam ser apanhadas facilmente pelo pouco medo que tem de se chegarem à terra? ...

O segundo defeito, que faz diminuir muito o lucro que se pudera tirar desta pescaria é o pescarem somente nas barras e não se afoitarem os pescadores a dar caça às baleias ao longo das costas do Brasil e da América Espanhola para o sul. ... Se aos angloamericanos e ingleses faz hoje conta vir pescar nas costas do Brasil com tantas despesas de viagem, quanto mais lucro devemos esperar, nós que temos todos os cômodos e facilidades das armações e do país? Acrescento que, a haver nisto demora, os espanhóis nas costas desde o Rio Grande de

São Pedro até ao Cabo de Horn, poderão interceptar ou diminuir esta pescaria.

Deve certo merecer também grande contemplação a perniciosa prática de matarem os baleiotes de mama para assim arpoarem as mães com maior facilidade. Têm elas tanto amor aos seus filhinos que quase sempre os trazem entre as barbatanas para lhes darem leite, e se porventura os matam, não desamparam o lugar sem deixar igualmente a vida na ponta dos arpões; é seu amor tamanho que, podendo demorar-se no fundo da água por mais de meia hora sem vir respirar acima e escapar assim ao perigo que as ameaça, folgam antes expor a vida para salvarem a dos filhinhos, que não podem estar nem respirar por tanto tempo. Esta ternura das mães facilita, sem dúvida, a pesca e o método de matar primeiro os baleiotes pequenos para segurar as mães, que enraivecidas muitas vezes viram as lanchas, parece visto a vulto excelente, mas olhado de perto é mau e trará consigo, a não se prover isso, a ruína total desta tão importante pescaria.

É fora de toda a dúvida, que matando-se os baleiotes de mama vem:

I. a diminuir-se a geração futura, pois que as baleias por uma dessas sábias leis da economia geral da natureza só parem de dois em dois anos um único filho...,morto o qual perecem com ele todos os seus descendentes,

II. que proveito pode tirar-se de um baleiote pequeno (ainda quando no Brasil se aproveitassem esses baleiotes) em comparação de uma baleia, que há chegado ao seu completo estado de crescimento?

III. os de dois anos, depois de desmamados, ficam magríssimos e apenas dão metade do azeite dos primeiros,

IV. as baleias mortas no tempo em que criam os filhos pouco fundem, pela extrema magreza em que se acham, e causa isso o irreparável prejuízo de ir-se anualmente diminuindo o número das fêmeas, crescendo à proporção o dos machos, que assim de nada servem. Eis aqui uma das razões porque as armações da Bahia e Rio de Janeiro estão abandonadas e, em geral, porque tem vindo grande quebra à pesca do Brasil, o que se também se observa na Groenlândia...

Estas são as principais considerações que julguei devera manifestar para dar idéia dos numerosos erros cometidos na maneira de pescar baleias no Brasil. Talvez algumas delas pareçam à primeira vista fúteis, ou assaz dificultosas pela sua novidade e por isso fé não ponham em execução com tudo, não me desanimo e espero, razoadamente, que não suceda comigo o mesmo que há tantas vezes com outros sucedido. E, com efeito, o comum das gentes olha para as empresas novas com certo escárneo e desconfiança medrosa, e contanto que esteja de alguma maneira bem, não forceja para estar melhor. A atividade e brio nacional, o espírito ardido que impelia a longas navegações e estabelecimentos úteis, com que tanto nos distinguimos os portugueses ... arrefeceu de todo e caímos em tal esmorecimento que, apenas lançamos mão de alguma coisa boa que nos mete à cara o acaso; e ainda isso nunca pela maior parte o melhoramos e aumentamos, como nesta pescaria se verifica."

MEMÓRIA SOBRE A NECESSIDADE E UTILIDADES DO PLANTIO DE NOVOS BOSQUES EM PORTUGAL

Um dos encargos que José Bonifácio recebeu da Coroa Portuguesa foi, no começo do século, a direção do reflorestamento dos areiais de Portugal. Em 1813, relatou longamente seus estudos e experiências sobre o assunto, fazendo considerações sobre a sociedade e as leis portuguesas e demonstrando uma variedade de conhecimentos científicos e técnicos relacionados aos solos, climas, ventos, espécies vegetais, técnicas e procedimentos de plantio e à situação em outros países europeus. Terminou por sugerir um sistema administrativo das matas e bosques, organizado por distritos florestais. Os excertos abaixo dão uma idéia de suas preocupações a respeito das matas e de seu aspecto pragmático, que manteve na volta ao Brasil.

"Espero, com esta pequena memória, despertar a atividade adormecida e dirigir com segurança e economia a indústria pública e particular. ...

... A agricultura, tão necessária quanto aprazível e honrosa, sempre atraiu a minha atenção e amor. No Brasil, durante os meus estudos em Coimbra, nas minhas peregrinações pela maior parte da Europa, depois da minha volta ao reino, nunca a deixei de estudar, quanto em mim coube. ...

A experiência e a reflexão me têm mostrado que os preceitos da agricultura têm muitas e variadas modificações, pela influência dos climas e terrão, pelos mercados e precisões das terras, e até pelos costumes e leis de cada povo;

mas, todavia, quanto à sua essência e princípios, são invariáveis e gerais. Cumpre distinguir o que é local e variável do que é constante e geral em todo o país e em todo o clima; cumpre não confundir o que é obstáculo vencível com o que é modificação necessária.

Mas tais conhecimentos não se adquirem pela prática mesquinha e às vezes cega... É preciso saber cotejar os sistemas antigos e modernos de povos e séculos diversos; é preciso pesá-los na balança da razão, alumiada em nossos dias pelas ciências auxiliares ... cujos resultados em prol das nações cultas já não ficam engavetados nas bancas e escritórios dos sábios, mas vão se introduzindo, mais ou menos disfarçados, até no rústico casal do camponês.

Quando findará de uma vez entre nós a disputa renhida e fútil entre teóricos e práticos? ... Eia, pois, afadiguem-se de mãos dadas naturalistas sizudos e lavradores entendidos na tarefa honrosa e bela de aperfeiçoar nossa lavoura e pecuária na parte que lhes compete, e o resto, que é muito, ficará aos desvelos e sabedoria de um governo paternal. ...

Se eu pretendesse tratar difusamente da necessiade absoluta que temos de semear e plantar matas e arvoredos em todos os baldios e maninhos que não podem servir para a lavoura e pastos, sobretudo nos cumes e ladeiras e nos areiais da costa, donde manam pelas enxurradas e borrascas as areias que vão entupindo nossos rios e barras e esterilizando progressivamente terrenos outrora produtivos, de certo empreenderia um trabalho inútil e enfadonho. É esta necessidade tão manifesta, hoje em dia, e é tal o esmero que há mais de meio século tem mostrado a este respeito às nações cultas da Europa que, para animarmos a imitá-la, basta pequeno patriotismo e uma faísca de senso comum. ...

... com o andar dos séculos, esses ricos tesouros com que nos tinha dotado a mão liberal da natureza, foram diminuindo e acabando pelo aumento da povoação e agricultura e muito mais pela indolência, egoísmo e luxo desenfreado de precisões fictícias que destruiam em um dia a obra de muitos séculos. É já tempo de acordarmos de tão profundo sono e de refletirmos seriamente nos males que sofre Portugal pela falta de matas e arvoredos.

Sem matas, a umidade necessária para a vida das outras plantas e dos animais vai faltando entre nós; o torrão se fez árido e nu. ... Diminuídos os orvalhos e chuveiros, diminuem os cabedais certos e perenes dos rios e das fontes; e só borrascas e trovoadas arrasam as ladeiras, areiam os vales e costas e subterram as searas. ...

Sem matas, desapareceu a caça que fartava o rico e o pobre. Sem matas, faltaram os estrumes naturais que subministravam diariamente suas folhas e resíduos. Sem elas minguou a fertilidade do terrão e a lavoura e a povoação definharam necessariamente. ...

Se os canais de rega e navegação aviventam o comércio e a lavoura, não pode havê-los sem rios, não pode haver rios sem fontes, não há fontes sem chuvas e orvalhos e não há umidade sem matas. ...Demais, sem bastante umidade não há prados, sem prados pouco ou nenhum gado, e sem gados nenhuma agricultura. Assim, tudo é ligado na imensa cadeia do universo, e os bárbaros que cortam e quebram seus fuzis pecam contra Deus e a natureza e são os próprios autores de seus males...

Passemos às utilidades políticas que nos trará o plantio de novas matas e arvoredos. Com bosques novos, próprios da Coroa, adquirirá o Estado grandes rendas que lhe faltam ... ... sem matas suficientes em terrenos próprios e adequados, debalde procurará o governo fomentar a laboração das minas, a indústria das fábricas, a marinha, a navegação interior, a agricultura e todos os mais gozos do homem social e culto.

Em França, antes de ter sua horrível revolução devastado as belas matas que possuía, uma décima parte de sua área, ou superfície territorial, estava coberta de bosques... Portugal necessita, por ora, da mesma proporção de matas que tinha a França antes da revolução. ...

... nossos bosques e arvoredos têm ido desaparecendo com uma rapidez espantosa há pouco mais de um século, porque desde então não têm cessado as causas da sua ruína. Destas umas eram inevitáveis mas podiam ser corrigidas e minoradas; outras são filhas meramente do nosso desmazelo.

São as primeiras:

1º A povoação aumentada ...

2º Maior quantidade de terras roteadas para a lavoura ...

3º Novos estabelecimentos e fábricas que consomem e requerem mais madeiras e combustíveis ...

São as segundas:

1º O desleixo e ignorância dos encarregados ...

2º Os cortes e desbastes sem escolha de tempo e de localidade e sem conta nem medida ...

3º A falta de polícia própria para coutar e guardar as matas ...

Mas quem vedaria estes males e quem executaria nossas leis, se nunca houve uma inspeção única e central, composta de homens sábios e zelosos, que vigiasse com energia sobre tudo o que diz respeito à administração e polícia das matas, estradas, rios e minas? Ramos que, pela sua mútua correlação e dependência, requerem um sistema único e ligado de meios e de fins."

ELOGIO ACADÊMICO DE D. MARIA I

No elogio a D. Maria I, lido em 20 de março de 1817, na Academia Real das Ciências de Lisboa, José Bonifácio procurou analisar suas providências políticas e administrativas sob a ótica dos interesses de Portugal e não discutiu os impactos das medidas restritivas que vigoraram no Brasil no governo da rainha, à qual manifestou sua gratidão pelas oportunidades que por ela lhe foram concedidas. Utilizou a oportunidade para elaborar algumas de suas próprias concepções políticas, como nos trechos abaixo.

"A ciência do governo, como sabeis, senhores, consiste em indagar o que pode ser um estado para corresponder aos seus mais altos fins; em conhecer todos os seus recursos presentes e futuros, e todas as suas faltas atuais. Vigor e lei são os fatores de tamanhos bens, ciência e civilização, quem os promove e acompanha. Quando todas as forças individuais dos vassalos se dirigem e empregam no bem geral do Estado, se as circunstâncias físicas e morais dos povos devem servir de norma para os meios aplicados, nunca podem ser obstáculos invencíveis; porque o homem, que obedece à razão, pode vencer a natureza e o costume. Mas sem boa legislação não conseguem os Estados tal ventura; porque as leis são as regras que encaminham nossas ações; os preceitos, pelos quais o homem, esta criatura dotada de razão e de vontade, deve dirigir suas nobres faculdades para sua maior felicidade. No coração humano gravou a divindade os princípios do honesto e do útil, para que a sabedoria e a experiência melhor pudessem depois desenvolvê-los e aplicá-los. Se as leis humanas vão contra estes princípios sagrados, são sujeitas e danosas, e não merecem nossa estima; porque deles recebem todo o seu valor e autoridade. Mas como estas leis, que podemos chamar da natureza, são poucas e gerais, viram-se as nações obrigadas a ampliá-las, e aplicá-las, segundo requerem o estado das sociedades, os progressos da cultura e riqueza, e a posição local. Daqui veio a necessidade de haver um poder supremo em cada Estado, que pudesse fazer novas leis, sábias e justas, quando assim cumprisse.

......

Eu, senhores, estou capacitado de que os grandes projetos devem ser concebidos, e executados por um só homem, e examinados por muitos: de outro modo desvairam as opiniões, nascem disputas e rivalidades; e vem a faltar aquele centro comum de força e de unidade, que tão necessário é em tudo, e mormente em objetos de suma importância.

......

Porém, se cumpre haver leis, ainda cumpre mais que tenham bons executores. Sem ministros íntegros e doutos a inocência não acha asilo nas leis: violam-se à frente do mesmo legislador, e no mesmo santuário da justiça...

......

A prosperidade da sociedade humana é proporcional à cultivação do seu solo; sem esta não há subsistência, nem civilização; pois da cópia da agricultura, e das artes mecânicas que esta sustenta, nasce a mercância, e, de todas reunidas a riqueza das nações. Nem só é necessária e profícua a agricultura, é também útil à moral e à robustez do povo; influi no coração e nos prazeres da vida. Quem não se encanta com a vista de campos cultivados e verdes, de searas abundosas e douradas? De que virtudes não é mãe e ama a agricultura? Fortaleza e indústria, constância e paciência, são necessárias para se empreenderem e desempenharem os trabalhos de lavoura. Dão-se também as mãos a agricultura e a religião: o lavrador continuamente eleva sua alma ao creador, a quem roga a cooperação do céu. O espírito que sabe contemplar os mistérios da vegetação, admira arrebatado as obras da divindade; e não pode deixar de a louvar em contínuo, e agradecer-lhe os benefícios que recebe. Mas não só a agricultura nutre as virtudes, mas excita os talentos. O emprego do lavrador pelos seus fins e extensão requer muita previdência, e grandes conhecimentos. Ele deve conhecer a organização e propriedades das plantas e animais; examinar o torrão, as estações e o clima; saber o seu préstimo, melhoramento e aplicação. Por meio desta arte maravilhosa é que o homem veio a ser o senhor de toda a criação, e o dominador dos animais, de quem verdade é, se nutre e serve; mas também os alimenta, pensa, conserva e multiplica. Daqui vem que cada novo progresso, que se faz nesta nobre arte, é não só um novo título de glória, mas também novo benefício para a humanidade; porque concorre para haver maior número de homens, isto é, de irmãos e de consócios; aos quais incita com riqueza e abundância a desenvolver a razão e as virtudes na cultura das ciências e das artes.

......

Só o homem selvagem limita seus cuidados e ocupações à caça e à pesca, ou em colher frutas bravias, que lhe apresenta a natureza, mas como a divindade tivesse sabiamente gravado em seu peito o desejo de melhor vida; pois o dotara de razão e inteligência, este mesmo selvagem procura pouco e pouco consegui-la, aumentando sua atividade e seus trabalhos. Deste modo se vai civilizando, e corresponde aos fins da Providência. Se pois o homem solto e derramado pelos bosques e campos, também procura aumentar a sua indústria para se distinguir das brutas alimarias, quanto mais o devem fazer as grandes sociedades e nações civilizadas? Com efeito, senhores, sem indústria, sem fábricas e manufaturas nenhum Estado é rico e independente. A agricultura e pesca por si só não bastam para toda sua prosperidade e maior povoação.

......

Bem sabeis, senhores, que nada há mais prejudicial ao corpo político do Estado do que a ignorância de seus membros. O homem sem boa instrução tem dois motivos para obrar mal, as paixões sem freio e a ignorância das suas obrigações. Demais o homem rico, que aborrece ou desconhece o estudo, de necessidade se há de entregar à preguiça; e a preguiça obriga para afugentar a sensaboria e fastio de uma vida indolente, que nos entreguemos aos deleites, e à devassidão.

......

Mostra a história do mundo que as nações que desprezando o gosto da literatura, só se deram ao escabroso e árido das ciências puras, nunca produziram uma obra que passasse à posteridade. Estas mesmas ciências, que exclusivamente cultivavam, em pouco tempo ficaram reduzidas a esqueletos mirrados e sem alma, a uma algarávia de argúcias desprezíveis. Mas devo confessar ao mesmo tempo, que se as belas letras, em um século tão instruído como o nosso, são precisas a todo homem bem criado, são todavia mais um ornato necessário, que um mérito exclusivo e relevante; e delas ao esplendor das ciências indispensáveis vai um longo caminho."

DISCURSO HISTÓRICO NA ACADEMIA REAL DAS CIÊNCIAS

José Bonifácio registrou sua despedida de Portugal falando a seus colegas da Academia das Ciências de Lisboa em 1819. Além de, como secretário, historiar os feitos dos acadêmicos, critica acidamente o desinteresse português pelos assuntos das ciências e das letras. Valoriza a liberdade de opinião e a liberdade de imprensa - esta, as circunstâncias políticas da independência brasileira o fariam, posteriormente, restringir. Fez um breve histórico de sua vida em Portugal, ressaltou a viagem de estudos de 10 anos por países da Europa e expressou uma visão grandiosa das possibilidades de um Brasil independente.

"É esta, ilustres acadêmicos, a derradeira vez, sim, a derradeira vez (com bem pesar o digo) que tenho a honra de ser o historiador de vossas tarefas literárias e patrióticas; pois é forçoso deixar o antigo, que me adotou como filho, para ir habitar o novo Portugal onde nasci; assim o manda a honra, o instiga a saúde e a razão o exige. Depois que deixei na adolescência os pátrios lares da montanhosa mas amena Província de São Paulo e me acolhi à Lusitânia, que meiga me recebeu em seus hospedeiros braços, trinta e seis anos são passados. Se almas degeneradas de que nenhuma terra, por mais civilizada e boa que seja está isenta, procuraram amargurar por vezes a minha cansada existência e buscaram, mas em vão, malograr o meu patriotismo e bons desejos, o estudo da natureza e dos livros no seio da amizade e a voz da consciência foram sempre o bálsamo salutífero, que cicactriza estas feridas do coração; cumpre, pois, deslembrar-me do passado. Seria, porém, ingrato e desumano se me esquecera ao mesmo tempo do quanto devo a todos os honrados portugueses e, mais que tudo, das provas repetidas de amizade e estimação que sempre me destes e com que generosamente me tendes penhorado, ó vós nobres e sábios acadêmicos. ...

Em junho de 1790 foi preciso separar-me da vossa presença ... Consolei-me com a esperança de ajuntar novos cabedais de instrução com que um dia pudesse melhor satisfazer aos vossos fins e desvaneço-me de que, entre as nações e sábios da Europa, não desonrei jamais o nome de acadêmico e de português. Verdade é que os doutos encerrados na pátria, com o favor dos livros, podem de algum modo conhecer a natureza e os homens, mas é este conhecimento mais de gabinete que real. Para indagarem a verdade e adquirirem instrução plena e fundada, os grandes homens da antiguidade ... viajaram longínquos climas e nações estranhas; o mesmo fizeram os nosso bons autores de quinhentos. Por ventura podem os usos caseiros e a lição dos livros excitar com a mesma força nossos sentidos ou engravidar-nos a mente como faz a intuição de mil objetos novos? Não por certo, senhores. A alma do viajante observador dilata-se e extasia-se a cada passo que dá pelo universo. Outras leis, outros costumes, outros céus, outras línguas, outra indústria e produções excitam de contínuo sua atenção e fecundam-lhe o espírito com mil idéias novas e atrevidas.

Recresceram ... novos males com a usurpação francesa, com a ausência de nosso Augusto Protetor e com a guerra que prosseguiu a devastar nossas províncias. As ciências, senhores, são filhas da paz e sempre a guerra lhes foi avessa. Quanto mais diuturna e cruel esta é, tanto mais sofrem e padecem as letras. ...

Em outubro de 1809 voltei ao vosso grêmio, depois de acabada a gloriosa campanha do Porto ... Em tão arriscadas circunstâncias mostrei, senhores, que o estudo das letras não desponta as armas nem embotou em mim aquela valentia que sempre circulara em nossas veias, quer nascêssemos aquém ou além do Atlântico. ...

... parece que há certos intervalos, se não de morte ao menos de modorra para o espírito humano. A atividade mental afraca-se e perde-se então ...; parece que a energia de empreender novos trabalhos se adormenta e apenas se conserva em poucas cabeças priviliegiadas; tudo se sacrifica, então, às lidas do egoísmo ou ao torpor delicioso do desleixo. ... Reflitamos que as produções da terra não são sempre iguais e abundosas em todos os anos; alguns há estéreis e mesquinhos, mas daqui não se segue que os que estão por vir não possam ser ricos em frutos e colheitas. ...

Com bem pesar meu o digo, senhores, o país das ciências e boas artes que outrora muitos e muitos dos nossos portugueses conversavam e freqüentavam a miúdo, é hoje para grande parte dos presentes o *Sahara* ... Infelizmente, a esterilidade deste ermo parece que aumenta cada dia...

Se no que acabo de dizer pareço a alguns em demasia solto e atrevido, lembrem-se de que vivemos em tão felizes tempos, graças ao nosso Bom e Magnânimo Soberano, que podemos já agora falar na praça o que pensamos em casa. Temam, então, as almas apoucadas os que oprimem toda a liberdade da palavra; nós seremos agradecidos a quem nô-la concede e se honra e compraz com a verdade. ...

Seja, pois, o nosso empenho animar os espíritos frouxos e aproveitar a coragem dos zelosos, conservando reunidas nossas forças em falange cerrada, pois que nas empresas científicas, assim como na guerra, a reunião e a disciplina faz tudo. ...

Muito temos já feito, senhores, mas muito nos resta ainda por fazer. Bem desejara eu concorrer de perto para pordes em obra o que na vontade já trazeis executado; mas é necessário apartar-me para longe e descontinuar a instrução que de vós tenho recebido. Consolo-me ao menos que ainda dos sertões da inculta América forcejarei por ser-vos útil com os frutos quais do meu pobre engenho e talento, se em mim o há. ... Consola-me igualmente a lembrança de que, da vossa parte pagareis a obrigação em que está todo o Portugal para com sua filha emancipada, que precisa de por casa, repartindo com ela das vossas luzes, conselhos e instruções. E que país esse, senhores, para uma nova civilização e para novo assento das ciências! Que terra pra um grande e vasto Império! Banhadas suas costas em triângulo pelas ondas do Atlântico, com um sem número de rios caudais e de ribeiras empoladas que o retalham em todos os sentidos, não há parte alguma do sertão que não participe mais ou menos do proveito que o mar lhe pode dar para o trato mercantil e para o estabelecimento de grandes pescarias. A grande cordilheira que o corta de norte a sul, o divide por ambas as vastas fraldas de dois mundos diferentes, capazes de criar todas as produções da terra inteira. Seu assento central quasi no meio do globo, defronte e àporta com a África que deve senhorear, com a Ásia à direita e com a Europa à esquerda - qual outra região se lhe pode igualar? Riquíssimo nos três reinos da natureza, com o andar dos tempos nenhum outro país poderá correr parelhas com a nova lusitânia. Consideremo-la agora pelo lado político, um reino com clero abastado, mas sem riqueza inútil, com poucos morgados, com os sés conventos precisos e com pouca gente das classes poderosas, que muitas vezes separam seus interesses particulares dos da nação e do estado - de que mercês precisa? Fomentar e não empecer; basta-lhe a seguança pessoal e a liberdade sóbria de imprensa, de que já goza, e uma nova educação física e moral; o mais pertence à natureza e ao tempo. Estas e outras mil bênçãos já vai recebendo, e receberá cada vez mais este recente Império, pois teve a ventura de haver sido fundado pela sabedoria e magnanimidade do nosso incomparável Soberano, cujo nome só por isso passará à mais remota posteridade, pois a fundação da monarquia brasílica fará uma época na história futura do universo."

VIAGEM MINERALÓGICA NA PROVÍNCIA DE SÃO PAULO

Pouco tempo após sua chegada ao Brasil José Bonifácio empreendeu, com seu irmão Martim Francisco Ribeiro de Andrada, uma viagem pela Província de São Paulo (1820) cujo relato só foi preparado para publicação após sua participação no governo de D. Pedro I. Sua preocupação principal era a presença e exploração de ouro e outros metais, mas sua observação atenta como nos trechos abaixo, pontilhou o texto de comentários sobre a vida do interior da província, seus problemas e possibilidades, alguns das quais serviram de base para a elaboração de suas propostas políticas.

"A 23 de março de 1820 partimos da Vila de Santos, situada na Ilha de São Vicente, Província de São Paulo, na Costa do Brasil. Esta vila foi fundada dois anos depois da de São Vicente, antiga capital da província e o primeiro estabelecimento de todo o Brasil, presentemente em completa decadência. ...

Chegados a São Paulo ... aqui nos demoramos até 5 de abril, empregando este tempo em exames mineralógicos nos arredores. Na encosta do monte que conduz do Convento do Carmo para o rio Tamandatueí, antes que se tivesse cortado o terreno para edificar casas os rapazes da cidade apanhavam ouro de um barranco que as enxurradas fizeram, e é provável que esta formação se prolongue por toda a encosta sobre que está edificada a cidade. As ruas são, pela maior parte, calçadas com mina de ferro argiloso ... de cor branca tirando para o vermelho sangue de boi, que se extrai da vizinhança de Santo Amaro. Esta mina de ferro é assaz rica e merece mais de ser aproveitada do que muitas outras da mesma espécie que com vantagem se fundem na Europa. ...

Na excursão que fizemos passando a ponte do Tietê até a colina em que está situada a fazenda de Santa Ana ..., antiga propriedade dos jesuítas e que presentemente é de domínio nacional, a primeira coisa que atraiu nossa atenção foi o miserável estado em que se acham os rios Tamanduateí e Tietê, sem margens nem leito fixos, sangrados em toda a parte por sarjetas que formam lagos e pauis que inundam esta bela planície; e o que é mais para lastimar é que quasi todos esses males não são obra da natureza, mas sim o resultado da ignorância dos que quiseram melhorar o curso destes rios. Caso se quisesse encanar o Tamanduateí, cumpria retrocedê-lo para que não venha pelo pé do monte em que a cidade está situada, e encaminhá-lo depois diretamente desde a chácara do Bispo até a sua junção com o Tietê em ângulo reto, para evitar todas as voltas que faz dar maior queda ao seu curso, e embaraçar deste modo que as águas do Tietê nas suas cheias não refluam para o Tamanduateí. ...

Fizemos outra excursão à Freguesia de *Santo Amaro*. Este lugar está situado de modo que é aformoseado pela mais agradável variedade de arvoredo, campos e pomares, através dos quais correm rios de cristalinas águas. É pena que tão bom terreno esteja pela maior parte inculto, tanto pelo desleixo dos habitantes, como pela falta de braços ...

A 6 deixamos a Cidade de São Paulo e partimos para ver os montes e minas de ouro de Jaraguá. ... Por um erro muito ordinário no Brasil, os mineiros não procuravam a segunda camada de cascalho inferior à primeira, porque erradamente se persuadem de que é estéril; mostrei-lhes quanto se enganavam porquanto por uma fenda que cortava este segundo cascalho, fiz tirar uma porção que, experimentada na bateia, mostrou conter mais ouro do que a primeira. Todos os trabalhos destas ... minas de desmonte são mui imperfeitos e sem conhecimento algum de montanhística.

A 7 de abril ... tomamos o caminho de Itu ... ... vimos ser mais habitado o terreno, ter mais cultura e ao mesmo tempo não pudemos deixar de sentir a falta de bosques. Todas as antigas matas foram barbaramente destruídas com o fogo e machado, e esta falta acabou em muitas partes com os engenhos. Se o governo não tomar enérgicas medidas contra aquela raiva de destruição, sem a qual não se sabe cultivar, depressa acabarão todas as madeiras e lenhas; os engenhos serão abandonados, as fazendas se esterilizarão, a população emigrará para outros lugares, a civilização atrasar-se-á e a administração da justiça e a punição dos crimes cada vez experimentará maiores dificuldades no meio dos desertos. ...

Durante os dois dias que descansamos em Itu soubemos que alguns habitantes desta vila preparavam uma expedição ou bandeira para ir comprar índios caiapós às hordas que habitam às margens do Paraná, vizinhos da embocadura do Tietê. São governados por caciques ou chefes eletivos, à exceção de uma mais entranhada no interior que é governada por um conselho de anciãos. Entre aqueles índios selvagens há alguns que foram civilizados e incorporados nas vilas da Província de Goiás mas que, irritados das vexações do Governo Português ..., fugiram e voltaram ao estado selvagem. Contudo, essa pobre gente ... está pronta a reunir-se em povoações, sujeitando-se às nossas leis, logo que os vamos buscar e que lhes demos morada. Vivem agora em paz conosco e desejam que se aumente o tráfico que com eles fazem os habitantes da vilas de Itu e Porto Feliz. ... A sorte daqueles índios, assim como a dos de Guarapuara no distrito de Curitiba, merece toda nossa atenção, para que não ajuntemos ao tráfico vergonhoso e desumano dos desgraçados filhos d'África o ainda mais horrível dos infelizes índios, de que usurpamos as terras e que são livres não só conforme a razão, mas também pelas leis.

O estado de abandono da Vila de Itu se mostra pelo desleixado da Câmara Municipal que não só se não ocupou de fazer calçar as ruas e caminhos, mas que os deixa cheios de atoleiros, barrancos e lagos. Este desleixo é entretido e aumentado pelas idéias supersticiosas e fanáticas que uma parte do clero da vila prega ao povo e que tem muitas vezes sido causa da desunião das famílias, da corrupção da mocidade e do afrouxamento do espírito público. ...

A Freguesia de Piracicaba se eleva em uma colina, donde por uma suave descida se chega ao rio, perto de sua queda. A vista é magnífica. É neste sítio que passa a estrada dos belos campos de Araraquara, onde já se formaram várias criações de gados que fornecem e dão grandes esperanças. A vila, que é muito moderna, contém no seu recinto e arredores perto de três mil habitantes. Esta população cada vez mais crescerá, pela afluência contínua dos habitantes das vilas mais antigas. ...

A Vila de Sorocaba tem a reputação de ser habitada por gente boa e hospitaleira. Nas mulheres há o verdadeiro tipo ou modelo da beleza. Como muitas outras da província, fazem com que o sexo paulista seja citado em todo Brasil pela regularidade das suas feições, sua boa figura e esbelta estatura, cor de jasmins e rosas e sobretudo pela amabilidade e bondade do seu caráter. A vila está assentada em lugar bem arejado. Aos seus pés corre o Sorocaba, que pode servir para alguma navegação. Os habitantes sustentam-se dos produtos da agricultura e tiram grande lucro do comércio das bestas e gados que vem do sul, que se vendem ali para São Paulo, Santos,... Minas Gerais, Rio de Janeiro e até Bahia e Maranhão. ...

... Esta única Província de São Paulo, sendo povoada e civilizada, formará um grande estado, visto que pela variedade de seu clima, sendo parte entre os trópicos, a outra fora deles; pela abundância de madeiras e dos seus campos, pelos inumeráveis rios e ribeiros, em grande parte navegáveis, pelas riquezas de ferro, ouro, diamantes, outros metais e pedras preciosas, é realmente um dos países mais privilegiados do globo, e uma obra-prima da benfazeja natureza. Acrescente-se que a raça branca que o habita é das mais belas e fortes da América Meridional. Foi a ela e aos índios conquistados pelos paulistas que é devida à descoberta e povoação dos vastos desertos do Brasil. Aos paulistas se devem os primeiros habitantes do Rio de Janeiro, Minas Gerais, Goiás, Cuiabá, Mato Grosso, Santa Catarina e Rio Grande do Sul.

Nas diferentes guerras, desde a primeira colonização do Brasil até agora, sempre o valor dos paulistas se assinalou; e, mesmo hoje, foi da Província de São Paulo que saiu o primeiro grito da liberdade e independência do Brasil."

MEMÓRIA ECONÔMICA E METALÚRGICA

José Bonifácio visitou a Fábrica de Ferro Ipanema em 1820, quando de sua viagem mineralógica e metalúrgica. Escandalizado com o que viu, elaborou uma memória específica sobre o assunto, que encaminhou em 1821 à Junta do Governo de São Paulo. Suas críticas ao engenheiro alemão Franz von Varnhagen, que a dirigia, parecem ter tido desdobramentos inesperados. Francisco Adolfo de Varnhagen, Visconde de Porto Seguro, e filho do engenheiro, foi uma espécie de historiador oficial do Império e deu início a uma interpretação bastante negativa do papel de José Bonifácio nos eventos da independência.

"Tendo visitado a Real Fábrica de ferro de São João do Ipanema e apanhado da boca dos homens que aí residiam e trabalhavam todas as notícias mais importantes que pude recolher, passo agora a expor o seu estado atual e os melhoramentos que deve ter. Não me é possível, pelo pouco tempo que dei a semelhante exame, entrar em todas as suas miudezas nem referir todos os abusos da administração e os erros das suas manipulações; mas o que disser é mais do que suficiente para se fazer uma idéia clara do estado deste utilíssimo estabelecimento. ...

... A primeira fonte da infelicidade desta fábrica foi a companhia sueca que trouxe Hedberg, o qual, em vez de trazer mestres fundidores, refinadores e moldadores, exceto o mestre da fábrica ... todos os mais de manipulação de ferro nada sabiam. Hedberg, em vez de estabelecer fornos altos, contentou-se em construir quatro forninhos e nas obras dos canais e açudes fez tudo com uma magnificência escusada ... Acusam-no de muito desleixo e de várias prevaricações, mas se lhe não dessem carta branca para fazer tudo o que lhe vinha à cabeça e estivesse debaixo da inspeção de um superior inteligente, talvez poderia ter sido de proveito. Mas como poderia fiscalizá-lo uma junta composta de homens leigos em sua maior parte e alguns deles sem caráter? ... Aos membros influentes desta fábrica se deve à introdução da escravatura, que montava a mais de oitenta cabeças tiradas das diversas fazendas da Coroa e a vergonhosa troca em São Paulo dos bons escravos pelos maus de alguns particulares, abusos estes que redundaram em grave prejuízo do Estado. Tendo-se levantado grande partido contra Hedberg ... passado algum tempo foi despedido e veio para seu lugar Varnhagen. ...

... a fábrica nova, construída ... debaixo da direção de Varnhagen ... consta ... de dois fornos unidos um ao outro ... tem ... uma casa de refino de cada lado, tudo muito bem construído... A estrutura interna, porém, dos fornos e forjas tem defeitos capitais, que sem primeiro se emendarem nunca a fábrica poderá dar bons produtos e que façam conta. Igualmente se deve emendar a preparação e mistura do mineral, assim como a administração econômica para se evitarem desperdícios e ladroeiras. ...

... apesar (do) desperdício e despesas enormes, a fábrica nada produzia pois os pequenos fornos tinham parado e nos novos só se fizeram até hoje duas fundições... Levantou-se então um grande clamor dos acionistas, muitos dos quais não quiseram pagar o restante do importe das suas ações e muitos as têm vendido com perda e foi preciso que a Real Fazenda adiantasse grande soma de contos de reis...

A demarcação e adjudicação dos terrenos para a fábrica tem causado grandes clamores e queixas entre os moradores que nela se achavam e se acham estabelecidos, cujo número total que já despejaram e devem ainda despejar, monta a perto de trezentos casais ...

Melhor seria que se tivessem conservado todos aqueles que quisessem aproveitar seus campos para a criação de gados, matriculando-se e obrigando-se aos transportes, assim como os que quisessem empregar-se no fabrico de carvão e dos cavacos, podendo ambas estas classes cultivar mandioca para o seu sustento e outros gêneros que não precisam de derrubar e queimar matas virgens. E no caso que não quisessem ou não queiram sujeitar-se a estas condições, ou tenham saído ou hajam de querer sair, então convém chamar novos moradores a quem se dêem as terras de graça com estas mesmas condições.

Demais estes novos colonos darão filhos, que poderão aprender a fundir e refinar sem haver mister de negros cativos, que só prestam para cavar com enxada, aproveitando-se somente os mulatos, que são a melhor raça do Brasil para trabalhos fabris que exigem atividade e inteligência, e cuja indústria e pundonor se estimulará com a prometida liberdade, cujo prazo seja proporcional à sua capacidade e serviços.

Tenho concluído esta pequena memória e queira o céu que ela possa concorrer para se evitarem erros para o futuro e se pôr um freio forte a tantos abusos e ladroeiras, como é inegável que tem havido nesse belo, mas malfadado estabelecimento."

APONTAMENTOS PARA OS DEPUTADOS DA PROVÍNCIA DE SÃO PAULO

Em 1821, José Bonifácio, que então participava do governo da Província de São Paulo, preocupou-se em instruir detalhadamente os deputados provinciais às Cortes convocadas pela Revolução do Porto sobre o que deveriam discutir em Lisboa e em estabelecer posições políticas a serem defendidas. Produziu um documento minucioso, fundado na defesa da autonomia e integridade do Brasil, contrário à escravidão e à exploração das populações indígenas. Esse documento foi intitulado "Lembranças e Apontamentos do Governo Provisório para os senhores deputados da Província de São Paulo". Os trechos abaixo registram sua preocupação com outras mudanças visando efeitos a longo prazo, como no que dizia respeito à educação (onde, antecipando a falta de professores, propunha métodos de ensino mútuo), à propriedade da terra e à mudança da capital para o interior.

"Não podendo haver governo algum constitucional que dure sem a maior instrução e moralidade do povo, para que a primeira se aumente e promova é de absoluta necessidade, que além de haver em todas as cidades, vilas e freguesias consideráveis, escolas de primeiras letras pelo método de Lancaster com bons catecismos para leitura e ensino dos meninos, de que temos excelentes modelos na língua alemã e inglesa; haja também em cada província do Brasil um ginásio ou colégio em que se ensinem as ciências úteis, para que nunca faltem entre as classes mais abastadas homens que não só sirvam os empregos, mas igualmente sejam capazes de espalhar pelo povo os conhecimentos que são indispensáveis para o aumento, riqueza e prosperidade da nação; pois segundo diz Bentham, as ciências são como as plantas, que têm crescimento em dois sentidos, em superfície e em altura; e quanto às mais úteis é melhor espalhá-las que adiantá-las....

Além desses colégios, é de absoluta necessidade para o Reino do Brasil que se crie desde já pelo menos uma universidade ...

......

Parece-nos também muito útil que se levante uma cidade central no interior do Brasil para assento da Corte ou da Regência, que poderá ser na latitude pouco mais ou menos 15 graus em sítio sadio, ameno, fértil e regado por algum rio navegável. Deste modo fica a Corte ou assento da Regência livre de qualquer assalto e surpresa externa e se chama para as províncias centrais o excesso de povoação vadia nas cidades marítimas e mercantis. Desta Corte central dever-se-ão logo abrir estradas para as diversas províncias e portos de mar para que se comuniquem e circulem com toda a prontidão as ordens do governo e se favoreça por elas o comércio interno do vasto Império do Brasil.

......

Considerando quanto convém ao Brasil em geral, e a esta província em particular, que haja uma nova legislação sobre as chamadas sesmarias, que sem aumentar a agricultura, como se pretendia, antes tem estreitado e dificultado a povoação progressiva e unida; por quanto há sesmarias de 6, 8 e mais léguas quadradas possuídas por homens sem cabedais que não só não as cultivam mas nem sequer as vendem e repartem por quem melhor as saiba aproveitar; originando-se daqui que as povoações do sertão se acham muito espalhadas e isoladas por causa dos imensos terrenos de permeio que se não podem repartir e cultivar por serem sesmarias; seguindo-se também daqui viver a gente do campo dispersa e como feras no meio de brenhas e matos com sumo prejuízo da administração da justiça e da civilização do país: parece-nos por todas estas razões muito conveniente, que ... se legisle mais ou menos o seguinte:

1º que todas as terras que foram dadas por sesmarias e não se acharem cultivadas entrem outra vez na massa dos bens nacionais, deixando-se somente aos donos das terras meia legua quadrada, quando muito, com a condição de começarem logo a cultivá-las em tempo determinado que parecer justo;

2º que os que têm feito suas as terras só por mera posse e não por título legal as hajam de perder, exceto o terreno que já tiverem cultivado e mais 400 jeiras acadêmicas para poderem estender a sua cultura, determinando-se-lhes para isto tempo prefixo;

3º que de todas as terras que reverterem por este modo à Nação e de todas as outras que estiverem vagas não se dêem mais sesmarias gratuitas senão nos pouco casos abaixo apontados; mas se vendam em porções ou lotes, que nunca possam exceder de meia légua quadrada, avaliando-se segundo a natureza e bondade das terras ... e procedendo-se à demarcação legal;

4º que haja uma caixa ou cofre em que se recolha o produto destas vendas que será empregado em favorecer a colonização de europeus pobres, índios, mulatos e negros forros, a quem se dará de sesmaria pequenas porções de terreno para o cultivarem e se estabelecerem;

5º em todas as vendas que se fizerem e sesmarias que se derem se porá a condição que os donos e sesmeiros deixam para matas e arvoredos a sexta parte do terreno, que nunca poderá ser derrubada e queimada sem que se façam novas plantações de bosques, para que nunca faltem as lenhas e madeiras necessárias;

6º que de três em três léguas se deixe pelo menos uma légua intacta para se criarem novas vilas e povoações e quaisquer outros estabelecimentos de utilidade pública;

7º enfim, que na medição e demarcação das terras vendidas ou dadas ao longo de rios, ou ribeiros, que sirvam de aguadas, se devem estreitar as testadas ao longo dessas aguadas, acrescentando-se nos fundos, como pedirem as circunstâncias locais; para que todos ou a maior parte dos novos colonos possam gozar comodamente quanto possível for da utilidade das ditas aguadas."

APONTAMENTOS PARA A CIVILIZAÇÃO DOS ÍNDIOS

Nas instruções aos deputados paulistas às Cortes de Lisboa constavam propostas relativas ao que chamava de índios bravos. Abaixo estão trechos do documento que preparou sobre o assunto para a Assembléia Geral Constituinte e Legislativa que se reuniu em 1823. José Bonifácio queria defender a vida e a liberdade dos índios, assim como a propriedade de suas terras, mudando-lhes os costumes para melhor integrá-los no povo brasileiro em formação.

"Vou tratar do modo de catequisar e aldear os índios bravos do Brasil, matéria esta de suma importância mas ao mesmo tempo de grandes dificuldades na sua execução. Nascem estas 1º da natureza, e estado em que se acham estes índios; 2º do modo com que sucessivamente portugueses e brasileiros os temos tratado e continuamos a tratar, ainda quando desejamos domesticá-los e fazê-los felizes. As primeiras provêm:

1º de serem os índios povos vagabundos e dados a contínuas guerras e roubos;

2º de não terem freio algum religioso e civil que coíba e dirija suas paixões, donde nasce ser-lhes insuportável sujeitarem-se a leis e costumes regulares;

3º entregues naturalmente à preguiça fogem dos trabalhos aturados e diários de cavar, plantar e mondar as sementeiras, que pelo nímeo viço da terra se cobrem logo de mato e de ervas ruins;

4º porque temem, largando sua vida conhecida e habitual de caçadores, sofrer fomes, faltando-lhes alimento à sua gula desregrada;

5º para com as nações nossas inimigas recresce novo embaraço, e vem a ser o temor que têm que depois de aldeados vinguemos a nosso sabor as atrocidades contra nós cometidas, ou porque não tendo ainda provado o devido castigo de seus atentados desprezam-nos, confiados na sua presumida valentia; e achando ser-lhes mais útil roubar-nos que servir-nos;

6º porque os mais valentes e poderosos dentre eles temem perder a ocasião de cobrar entre seus naturais o nome de guerreiros que muitos prezam, esperando ficar seguros das nossas armas no meio de suas matas e esconderijos;

7º finalmente porque conhecem que se entrarem no seio da Igreja serão forçados a deixar suas contínuas bebedices, a poligamia em que vivem e os divórcios voluntários; e daqui vem que as raparigas casadas são as que melhor e mais facilmente abraçam a nossa Santa Religião; porque assim seguram os maridos e se livram de rivais.

Por causa nossa recrescem iguais dificuldades e vêm a ser os medos contínuos e arraigados em que os têm posto os cativeiros antigos; o desprezo com que geralmente os tratamos, o roubo contínuo das suas melhores terras, os serviços a que os sujeitamos pagando-lhes pequenos ou nenhum jornal, alimentando-os mal, enganando-os nos contratos de compra e venda que com eles fazemos, e tirando-os anos e anos de suas famílias e roças para os serviços do Estado e dos particulares; e por fim enxertando-lhes todos os nossos vícios e moléstias, sem lhes comunicarmos nossas virtudes e talentos.

Se quisermos, pois, vencer estas dificuldades devemos mudar absolutamente de maneiras e comportamento conhecendo primeiro o que são e devem ser naturalmente os índios bravos, para depois acharmos os meios de os converter no que nos cumpre que sejam. ...

Com efeito o homem no estado selvático, e mormente o índio bravo do Brasil, deve ser preguiçoso porque tem poucas ou nenhuma necessidade; porque, sendo vagabundo, na sua mão está arranchar-se sucessivamente em terrenos abundantes de caça ou de pesca, ou ainda mesmo de frutos silvestres e espontâneos; porque vivendo todo o dia exposto ao tempo não precisa de casas e vestidos cômodos, nem dos melindres do nosso luxo; porque, finalmente, não têm idéia de propriedade, nem desejos de distinções e vaidades sociais, que são as molas poderosas que põem em atividade o homem civilizado. Demais, uma razão sem exercício e, pela maior parte, já corrompida por costumes e usos brutais, além de apático o devem também fazer estúpido. Tudo o que não interessa imediatamente à sua conservação física e seus poucos prazeres grosseiros escapa à sua atenção ou lhe é indiferente; falto de razão apurada, falto de precaução, é como o animal silvestre seu companheiro; tudo o que vê pode talvez atrair-lhe a atenção, do que não vê nada lhe importa. Para ser feliz, o homem civilizado precisa calcular e uma aritmética por mais grosseira e manca que seja lhe é indispensável; mas o índio bravo, sem bens e sem dinheiro, nada tem que calcular e todas as idéias abstratas de quantidade e número, sem as quais a razão do homem pouco difere do instinto dos brutos, lhe são desconhecidas.

Mas o homem, por mais apático que seja, tem contudo que satisfazer suas necessidades físicas e indispensáveis e tem que repelir a força pela força; então ele se agita fortemente e a guerra vem a ser uma necessidade e um prazer que o arrasta; e daqui nascem os ódios inveterados, desejos de vingança e atrocidades sem freio. ...

São, pois, as paixões, que não podem ser satisfeitas cabalmente sem a reunião de novos braços e vontades, as que obrigaram os selvagens a reunir-se em tais quais aldeias; mas como estas pequenas povoações sem magistrados e, às vezes, até sem um chefe ou cacique poderoso não os obrigavam a formar de toda a sua energia um centro comum - bem como os raios dispersos de luz se reúnem no foco dos espelhos côncavos - a inteligência e atividade individual nunca ganhavam extensão e intensidade para que fossem obrigados a criar governos regulares, que só podem reprimir as injúrias recíprocas dos sócios e prevernir os futuros males.

Daqui, porém, não se deve concluir que seja impossível converter estes bárbaros em homens civilizados: mudadas as circunstâncias, mudam-se os costumes. ...

Nas atuais circunstâncias do Brasil e da política européia, a civilização dos índios bravos é objeto de sumo interesse e importância para nós. Com as novas aldeias que se forem formando, a agricultura dos gêneros comestíveis e a criação dos gados deve aumentar e pelo menos equilibrar, nas províncias, a cultura e fabrico do açucar.

Os meios ... de que se deve lançar mão para a pronta e sucessiva civilização dos índios e que a experiência e a razão me tem ensinado, eu vou propor aos representantes da nação e são os seguintes:

1º *Justiça*, não esbulhando mais os índios, pela força, das terras que ainda lhes restam e de que são legítimos senhores; mas antes comprando-lhas como praticaram e ainda praticam os Estados Unidos da América.

2º *Brandura, constância e sofrimento de nossa parte*, que nos cumpre como a usurpadores e cristãos. ...

3º *Abrir comércio com os bárbaros*, ainda que seja com perda de nossa parte, recebendo em troca os gêneros de seus matos e pequena indústria, e levando-lhes quinquilharia de ferro e latão, espelhos, miçangas, facas, machados, tesouras, pregos, anzóis, tabaco, vinhos doces e brandos, açucar, carapuças e barretes vermelhos, galões falso, fitas, lenços de cores subidas ou listados, mantos, cães de caça, etc.

4º *Procurar com dádivas e admoestações* fazer paz com os índios inimigos, debaixo das condições seguintes, quais que o Governador Mem de Sá estabeleceu em 1558. 1º Que não comam carne humana nem mutilem os inimigos mortos. 2º Que não façam guerra aos outros índios sem consentimento do governo brasileiro. 3º Que se estabeleça um governo digno, um comércio recíproco entre eles e nós, para que comecem a conhecer o *meu* e *o teu*, ab-rogando-se o uso indistinto dos produtos de sua pequena indústria.

5º *Favorecer por todos os meios possíveis* os matrimônios entre índios e brancos e mulatos, que então deverão se estabelecer nas aldeias, havendo cuidado, porém, de evitar que pelo seu trato e maus costumes não arruínem os mesmos índios; proibindo-se que não possam, por ora, comprar suas terras de lavoura sem consentimento do pároco e maioral da aldeia, e determinando-se que nos postos civis e militares da aldeia haja pelo menos igualdade entre ambas as raças.

6º Será muito conveniente que por meios indiretos se procure introduzir para caciques das nações ainda não aldeadas alguns brasileiros de bom juízo e comportamento, que saibam corresponder aos fins políticos desta escolha e nomeação.

7º Criar para a catequisação dos índios um colégio de missionários, cuja organização religiosa seja pouco mais ou menos como a dos padres da Congregação de São Felipe Neri os quais, além da probridade e zelo pelo cristianismo, devem instruir-se pelo menos na língua geral ou guarani, e se possível for também nas particulares das raças numerosas, e nos usos e costumes dos mesmos índios bravos, pois foi ignorância crassa, para não dizer brutalidade, querer domesticar e civilizar índios à força d'armas e com soldados e oficiais pela maior parte sem juízo, prudência e moralidade."

REPRESENTAÇÃO SOBRE A ESCRAVATURA

As objeções de José Bonifácio à continuidade da escravidão no Brasil foram constantes. Queria a abolição do tráfico a curto prazo e a abolição gradual da escravidão. O documento, do qual foram extraídos os trechos abaixo foi preparado para a Assembléia Geral Constituinte e Legislativa de 1823 e nem chegou a ser discutido devido a seu fechamento por D. Pedro I. Ele relacionava a escravidão a males que iam da falta de iniciativa à destruição insensata das matas. Queria o negro como cidadão, como parte da população nacional, como parte de um todo amalgamado como expressa no documento.

"Quando verdadeiros cristãos e filântropos levantaram a voz pela primeira vez na Inglaterra contra o tráfico de escravos africanos, houve muita gente interesseira ou preocupada que gritou ser impossível ou impolítica semelhante abolição porque as colônias britânicas não podiam escusar um tal comércio sem uma total destruição; todavia passou o *Bill* e não se arruinaram as colônias. ...

Legisladores, não temais os urros do sórdido interesse: cumpre progredir sem pavor na carreira da justiça e da regeneração política, mas todavia cumpre que sejamos precavidos e prudentes. Se o antigo despotismo foi insensível a tudo, assim lhe convinha ser por utilidade própria: queria que fôssemos um povo mesclado e heterogêneo, sem nacionalidade e sem irmandade, para melhor nos escravizar. Graças aos céus e à nossa posição geográfica, já somos um povo livre e independente. Mas como poderá haver uma constituição liberal e duradoura em um país continuamente habitada por uma multidão imensa de escravos brutais e inimigos? Comecemos, pois, desde já, esta grande obra pela expiação de nossos crimes e pecados velhos. Sim, não se trata somente de sermos justos, devemos também ser penitentes; devemos mostrar à face de Deus e dos outros homens que nos arrependemos de tudo o que nesta parte temos obrado há séculos contra a justiça e contra a religião que nos bradam acordes que *não façamos aos outros o que queremos que não façam a nós.* É preciso, pois, que cessem de uma vez os roubos, incêndios e guerras que fomentamos entre os selvagens d'África. é preciso que não venham mais a nossos portos milhares de negros, que morriam abafados no porão de nossos navios, mais apinhados que fardos de fazenda; É preciso que cessem de uma vez todas essas mortes e martírios sem conta com que flagelávamos e flagelamos ainda esses desgraçados em nosso próprio território. É tempo, pois, e mais que tempo, que acabemos com um tráfico tão bárbaro e carniceiro; é tempo também que vamos acabando gradualmente até os últimos vestígios da escravidão entre nós, para que venhamos a formar, em poucas gerações, uma nação homogênea, sem o que nunca seremos verdadeiramente livres, respeitáveis e felizes. É da maior necessidade ir acabando tanta heterogeneidade física e civil; cuidemos, pois, desde já, em combinar sabiamente tantos elementos discordes e contrários e em *amalgamar* tantos metais diversos, para que saia um *todo* homogêneo e compacto, que se não esfarele ao pequeno toque de qualquer nova convulsão política. Mas que ciência química e que destreza não são precisas aos operadores de tão grande e difícil manipulação? Sejamos, pois, sábios e prudentes, porém constantes sempre. ...

Ainda hoje perto de quarenta mil criaturas humanas são anualmente arrancadas d'África, privadas de seus lares, de seus pais, filhos e irmãos, transportadas às nossas regiões sem a menor esperança de respirarem outra vez os pátrios ares e destinadas a trabalhar toda a vida debaixo do açoite cruel de seus senhores, elas, seus filhos e os filhos de seus filhos para todo o sempre!

Se os negros são homens como nós e não formam uma espécie de brutos animais; se sentem e pensam como nós, que quadro de dor e de miséria não apresentam eles à imaginação de qualquer homem sensível e cristão? Se os gemidos de um bruto nos condoem, é impossível que deixemos de sentir também certa dor simpática com as desgraças e misérias dos escravos; mas tal é o efeito do costume e a voz da cobiça que vêem homens correr lágrimas de outros homens, sem que estas lhes espremam dos olhos uma só gota de compaixão e de ternura. Mas a cobiça não sente nem discorre como a razão e a humanidade. Para lavar-se, pois, das acusações que merecia, lançou sempre mão e ainda agora lança, de mil motivos capciosos com que pretende fazer sua apologia. Diz que é um ato de caridade trazer escravos d'África porque assim escapam esses desgraçados de serem vítimas de despóticos régulos. Diz, igualmente, que, se não viessem, esses escravos ficariam privados da luz do evangelho que todo cristão deve promover e espalhar. Diz que esses infelizes mudam de um clima e país ardente e horrível para outro doce, fértil e ameno. Diz, por fim, que devendo os criminosos e prisioneiros de guerra serem mortos imediatamente pelos seus bárbaros costumes, é um favor que se lhes faz comprá-los para lhes conservar a vida ainda que seja em cativeiro.

Homens perversos e insensatos! Todas essas razões apontadas valeriam alguma coisa se vós fosseis buscar negros à África para lhes dar liberdade no Brasil e estabelecê-los como colonos; mas perpetuar a escravidão, fazer esses desgraçados mais infelizes do que seriam se alguns fossem mortos pela espada da injustiça e até dar azos certos para que se perpetuem tais horrores, é de certo um atentado manifesto contas as leis eternas da justiça e da religião. E porque continuaram e continuam a ser escravos os filhos desses africanos? Cometeram eles crimes? Foram apanhados em guerra? Mudaram de clima mau para outro melhor? Sairam das trevas do paganismo para a luz do evangelho? Não, por certo, e todavia seus filhos e filhos desses filhos devem, segundo vós, ser desgraçados para todo o sempre. ...

Se ao menos os senhores de negros no Brasil tratassem esses miseráveis com mais humanidade eu certamente não escusaria, mas ao menos me condoeria de sua cegueira e injustiça. Porém, o habitante livre do Brasil, e mormente o europeu, é não só pela maior parte surdo às vozes da justiça e aos sentimentos do evangelho, mas até é cego a seus próprios interessses pecuniários e à felicidade doméstica da família.

Com efeito, imensos cabedais saem anualmente deste império para a África e imensos cabedais se amortizam dentro deste vasto país pela compra de escravos que morrem, adoecem e se inutilizam e depois pouco trabalham. Que luxo inútil de escravatura também não apresentam nossas vilas e cidades que sem ele poderiam limitar-se a poucos e necessários criados? Que educação podem ter as famílias, que se servem destes entes infelizes, sem honra nem religião, de escravas que se prostituem ao primeiro que as procura? Tudo, porém, se compensa nesta vida; nós tiranizamos os escravos e os reduzimos a brutos animais, e eles nos inoculam toda sua imoralidade e todos os seus vícios.

E na verdade, senhores, se a moralidade e a justiça social de qualquer povo se fundam parte nas suas instituições religiosas e políticas e parte na filosofia, para dizer assim, doméstica de cada família, que quadro pode apresentar o Brasil quando o consideramos debaixo destes dois pontos de vista? Qual é a religião que temos, apesar da beleza e santidade do evangelho, que dizemos seguir? A nossa religião é pela mor parte um sistema de superstições e abusos anti-sociais; o nosso clero, em muita parte ignorante e corrrompido, é o primeiro que se serve de escravos e os acumula para enriquecer pelo comércio e pela agricultura e para formar, muitas vezes, das desgraçadas escravas um harém turco. As famílias não têm educação nem a podem ter com o tráfico de escravos, nada as pode habituar a conhecer a virtude e a religião. Riquezas e mais riquezas gritam os nossos pseudo-estadistas, os nossos compradores e vendedores de carne humana; os nossos sabujos eclesiásticos; os nossos magistrados, se é que se pode dar um tão honroso título a almas, pela mor parte, venais que só empunham a vara da justiça para oprimir desgraçados, que não podem satisfazer a sua cobiça, ou melhorar sua sorte. E então, senhores, como pode grelar a justiça e a virtude e florescerem os bons costumes entre nós? Senhores, quando me empego nestas tristes considerações quase que perco de todo as esperanças de ver o nosso Brasil um dia regenerado e feliz, pois que se me antolha que a ordem das vicissitudes humanas está de todo invertida no Brasil. O luxo e a corrupção nasceram entre nós antes da civilização e da indústria, e qual será a causa principal de um fenômeno tão espantoso? A escravidão, senhores, a escravidão, porque o homem que conta com os jornais de seus escravos vive na indolência, e a indolência traz todos os vícios após si. ...

A lavoura do Brasil, feita por escravos boçais e preguiçosos não dá os lucros com que os homens ignorantes e fantásticos se iludem. ...

... Eu desejara, para seu bem, que os possuidores de grande escavatura conhecessem que a proibição do tráfico de carne humana os fará mais ricos, porque seus escravos atuais virão a ter, então, maior valor e serão por interesse seu mais bem tratados; os senhores promoverão, então, os casamentos e estes a população. Os forros aumentados, para ganharem a vida, aforarão pequenas porções de terras descobertas ou taperas que hoje nada valem. Os bens rurais serão estáveis e a renda da terra não se confundirá com a do trabalho e indústria individual.

Não são só estes males particulares que traz consigo a grande escravatura no Brasil; o Estado é ainda mais prejudicado. Se os senhores de terras não tivessem uma multidão de escravos, eles mesmos aproveitariam terras já abertas e livres de matos, que hoje jazem abandonadas ... Nossas matas preciosas em madeiras de construção civil e náutica não seriam destruídas pelo machado assassino do negro e pelas chamas devastadoras da ignorância. Os cumes de nossas serras, fonte perene de umidade e fertilidade para as terras baixas e de circulação elétrica, não estariam escalvados e tostados pelos ardentes estios do nosso clima. É, pois, evidente que se a agricultura se fizer com os braços livres dos pequenos proprietários ou por jornaleiros, por necessidade e interesse serão aproveitadas essas terras, mormente nas vizinhanças das grandes povoações onde se acha sempre um mercado certo, pronto e proveitoso, e deste modo se conservarão, como herança sagrada para nossa posteridade, as antigas matas virgens que pela sua vastidão e frondosidade caracterizam o nosso belo país. ...

A sociedade civil tem por base primeira a justiça e por fim principal a felicidade dos homens, mas que justiça tem um homem para roubar a liberdade de outro homem e, o que é pior, dos filhos deste homem e dos filhos destes filhos? Mas dirão, talvez, que se favorecerdes a liberdade dos escravos será atacar a propriedade. Não vos iludais, senhores, a propriedade foi sancionada para o bem de todos, e qual é o bem que tira o escravo de perder todos os seus direitos naturais e se tornar de *pessoa a coisa*, na frase dos juriconsultos? Não é, pois, o direito de propriedade que querem defender, é o direito da força, pois que o homem, não podendo ser coisa, não pode ser objeto de propriedade. Se a lei deve defender a propriedade, muito mais deve defender a liberdade pessoal dos homens, que não pode ser propriedade de ninguém sem atacar a ordem moral das sociedades, que é a execução estrita de todos os deveres prescritos pela natureza, pela religião e pela são política. ...

Este comércio de carne humana é, pois, um cancro que rói as entranhas do Brasil; comércio, porém, que hoje em dia já não é preciso para aumento de sua agricultura e povoação, uma vez que, por sábios regulamentos, não se consinta a vadiação dos brancos e outros cidadãos mesclados e a dos forros; uma vez que os muitos escravos que já temos possam, às abas de um governo justo, propagar livre e naturalmente com as outras classes, uma vez que possam bem criar e sustentar seus filhos, tratando-se esta desgraçada raça africana com maior cristandade, até por interesse próprio; uma vez que se cuide, enfim, na emancipação gradual da escravatura e se convertam brutos imorais em cidadãos úteis, ativos e morigerados.

Acabe-se, pois, de uma vez o infame tráfico da escravatura africana, mas com isto não está tudo feito; é também preciso cuidar seriamente em melhorar a sorte dos escravos existentes e tais cuidados são já um passo dado para a sua futura emancipação. ...

Torno a dizer, porém, que eu não desejo ver abolida de repente a escravidão; tal acontecimento traria consigo grandes males. Para emancipar escravos sem prejuízo da sociedade, cumpre fazê-los primeiramente, dignos da liberdade; cumpre que sejamos forçados pela razão e pela lei a convertê-los gradualmente de vis escravos em homens livres e ativos. Então os moradores deste Império, de cruéis que são em grande parte neste ponto, se tornarão cristãos e justos e ganharão muito pelo andar do tempo, pondo em livre circulação cabedais mortos que absorve o uso da escravatura; livrando as suas famílias de exemplos domésticos de corrupção e tirania, de inimigos seus e do Estado, que hoje não têm pátria e que podem vir a ser nossos irmãos e nossos compatriotas.

O mal está feito, senhores, mas não o aumentemos cada vez mais; ainda é tempo de emendar a mão. Acabado o infame comércio de escravatura, já que somos forçados pela razão política a tolerar a existência dos atuais escravos, cumpre em primeiro lugar favorecer a sua gradual emancipação, e antes que consigamos ver o nosso país livre de todo desse cancro, o que levará tempo, desde já abrandemos o sofrimento dos escravos, favoreçamos e aumentemos todos os seus gozos domésticos e civis; instruamo-los no fundo da verdadeira religião de Jesus Cristo e não em momices e superstições. Por todos esses meios nós lhes daremos toda civilização de que são capazes no seu desgraçado estado, despojando-os o menos que pudermos da dignidade de homens e cidadãos."

REPRESENTAÇÃO AOPRÍNCIPE REGENTE D. PEDRO

Em documento escrito por José Bonifácio, o governo de São Paulo se dirigiu ao Príncipe Regente em momento grave, (24-12-1821) no qual tornavam-se patentes as intenções das Cortes de Lisboa de recolonizar o Brasil. Os trechos selecionados deixam clara a opção política de garantir a autonomia com a continuidade monárquica; a linguagem é incisiva e tenta ganhar o indispensável apoio de D. Pedro para a estratégia escolhida.

"Senhor - Tínhamos já escrito a V.A.R. antes que pelo último correio recebêssemos a Gazeta Extraordinária do Rio de Janeiro de 11 do corrente, e apenas fixamos nossa atenção sobre o primeiro Decreto das Cortes acerca da organização dos governos das províncias do Brasil, logo ferveu em nossos corações uma nobre indignação; porque vimos nele exarado o sistema da anarquia e da escravidão; mas o segundo, pelo qual V.A.R. deve regressar para Portugal a fim de viajar incógnito somente pela Espanha, França e Inglaterra, causou-nos um verdadeiro horror.

Nada menos se pretende do que desunir-nos, enfraquecer-nos, e até deixar-nos em mísera orfandade, arrancando do seio da grande família brasileira o único pai comum que nos restava depois de terem esbulhado o Brasil do benéfico fundador deste reino, o Augusto Pai de V.A.R. Enganam-se, assim o esperamos em Deus que é o vingador das injustiças; ele nos dará coragem e sabedoria.

...

... sim, Augusto Senhor, V.A.R. deve ficar no Brasil quaisquer que sejam os projetos da Cortes Constituintes, não só para nosso bem geral mas até para a independência e prosperidade futura do mesmo Portugal. Se V.A.R. estiver, o que não é crível, pelo deslumbrado e indecoroso Decreto de 29 de setembro, além de perder para o mundo a dignidade de homem e de príncipe tornando-se escravo de um pequeno número de desorganizadores, terá também que responder perante o céu do rio de sangue que de certo vai correr pelo Brasil com a sua ausência; pois seus povos, quais tigres raivosos, acordaram do sono amadornado em que o velho despotismo os tinha sepultado e em que a astúcia de um novo maquiavelismo constitucional os pretende agora conservar. Nós rogamos, portanto, a V.A.R. com o maior fervor, ternura e respeito, haja de suspendar a sua volta para a Europa por onde o querem fazer viajar como um pupilo rodeado de aias e de espias; nós lhe rogamos que se confie corajosamente no amor e fidelidade dos seus brasileiros, e mormente dos seus paulistas, que estão todos prontos a verter a última gota do seu sangue e a sacrificar todos os seus haveres para não perderem o Príncipe idolatrado, em Quem têm posto todas as esperanças bem fundadas de sua felicidade e da sua honra nacional. Espere, pelo menos, V.A.R. pelos deputados nomeados por este governo e pela câmara desta capital, que devem quanto antes levar à Sua Augusta presença nossos ardentes desejos e firmes resoluções, Dignando-se acolhê-los e ouvi-los com o amor e atenção que lhe devem merecer os seus paulistas."

CONVOCAÇÃO DO CONSELHO DE PROCURADORES

Uma medida importante para a consolidação da estratégia de autonomia política do Brasil com continuidade monárquica e integridade territorial, foi a convocação de um Conselho de Procuradores das Províncias, sob a autoridade de D. Pedro por um decreto de 16 de fevereiro de 1822, escrito por José Bonifácio e rubricado pelo Príncipe Regente. A convocação do Conselho era defendida, também, pelo grupo de líderes da maçonaria que José Bonifácio acusava de radicalismo.

"Tendo eu anuído aos repetidos votos e desejos dos leais habitantes desta capital, e das províncias de São Paulo e Minas Gerais, que me requereram houvesse eu de conservar a regência deste reino que meu augusto Pai me havia conferido, até que pela constituição da monarquia se lhe desse uma final organização sábia, justa e adequada aos seus inalienáveis direitos, decoro e futura felicidade; porquanto de outro modo este rico e vasto Reino do Brasil ficaria sem um centro de união e força, exposto aos males da anarquia e da guerra civil; e desejando eu, para utilidade geral do Reino Unido e particular do bom povo do Brasil, ir de antemão dispondo e arraigando o sistema constitucional que ele merece eu jurei dar-lhe, formando desde já um centro de meios e de fins com que melhor se sustente e defenda a integridade e liberdade deste fertilíssimo e grandioso país e se promova a sua futura felicidade; hei por bem mandar convocar um Conselho de Procuradores Gerais das Províncias do Brasil, que as representem inteiramente ...

Serão as atribuições deste Conselho: 1º aconselhar-me todas as vezes que por mim lhe for mandado em todos os negócios mais importantes e difíceis; 2º examinar os grandes projetos de reforma que se devam fazer na administração geral e particular do Estado que lhe forem comunicados; 3º propor-me as medidas e planos que lhe parecerem mais urgentes e vantajosos ao bem do Reino Unido e à prosperidade do Brasil; 4º advogar e zelar cada um dos seus membros pelas utilidades da sua província respectiva. ...

Este Conselho será por mim presidido e às suas sessões assistirão os meus ministros e secretários de Estado, que terão nele assento e voto. ..."

CONVOCAÇÃO DA ASSEMBLÉIA CONSTITUINTE

A convocação de uma assembléia constituinte no Brasil foi debatida nos primeiros meses de 1822 pelos dirigentes comprometidos com a afirmação da autonomia e unidade do Brasil e era defendida com ênfase pelos líderes da maçonaria, representados no Conselho de Procuradores. O decreto de 3 de junho de 1822, expedido por José Bonifácio e rubricado pelo Príncipe Regente, convocou uma Assembléia Geral Constituinte e Legislativa para o Reino do Brasil

"Havendo-me representado os procuradores gerais de algumas províncias do Brasil, já reunidos nesta Corte, e diferentes Câmaras e povo de outras, o quanto era necessário e urgente, para a mantença da integridade da monarquia portuguesa e justo decoro do Brasil, a convocação de uma Assembléia Luso-Brasiliense que, investida daquela porção de soberania que essencialmente reside no povo deste grande e riquíssimo continente, constitua as bases sobre que se devam erigir a sua Independência, que a natureza marcara e de que já estava de posse e a sua união com todas as outras partes integrantes da grande família portuguesa, que cordialmente deseja; e reconhecendo eu a verdade e a força das razões que me foram ponderadas, nem vendo outro modo de assegurar a felicidade deste reino, manter uma justa igualdade entre ele e o de Portugal, sem perturbar a paz que tanto convém a ambos e tão própria é de povos irmãos:

Hei por bem, e com o parecer do meu Conselho de Estado, mandar convocar uma Assembléia Geral Constituinte e Legislativa, composta de Deputados das Províncias do Brasil, novamente eleitos...

INSTRUÇÕES PARA O CÔNSUL EM BUENOS AIRES

Na Corte do Rio de Janeiro, José Bonifácio dedicou uma atenção particular à importância da frente externa para o processo de independência política. A morte do cônsul português em Buenos Aires foi por ele vista como uma oportunidade para a expressão autônoma do Brasil e ele o fez indicando um representante brasileiro para o então corturbado Prata. Os excertos abaixo são do documento que escreveu em 30 de maio de 1822 munindo o agente diplomático de instruções para bem defender os interesses do Brasil e sua independência.

"... Procurará por meios indiretos adquirir partido no governo de Buenos Aires e, principalmente, no do Paraguai por ser o que pode melhor ser-nos útil, para que ligado com o outro de Montevidéu possam vigiar as manobras e maquinações, assim de Buenos Aires como de Entre Rios. Para atraí-los ... não se esquecerá de exaltar em suas conversações a grandeza e recursos do Brasil, o interesse que as nações comerciantes da Europa têm em apoiá-lo e a preponderância de que ele vai jogar sobre os outros estados da América, sendo por isso de muita conveniência aos povos limítrofes o obterem a sua poderosa aliança; ... lhes demonstrará que é um impossível ser o Brasil recolonizado, mas se fora crível que se visse retalhado por internas divisões, este exemplo seria fatal ao resto da América e os outros estados que o compõem se arrependeriam debalde por não o terem coadjuvado; porém que uma vez consolidada a reunião e independência do Brasil, então a Europa perderá de uma vez toda a esperança de restabelecer o antigo domínio sobre as suas colônias. Depois que ... tiver habilmente persuadido que os interesses deste reino são os mesmos que os dos outros estados deste hemisfério e da parte que eles devem tomar nos nossos destinos, prometer-lhes á da parte de S.A.R. o reconhecimento solene da independência política desses governos e expor-lhes-á as utilidades incalculáveis que podem resultar de fazerem uma confederação ou tratado ofensivo e defensivo com o Brasil, para se oporem com os outros governos da América Espanhola aos cerebrinos manejos da política européia; demonstrando-lhes, finalmente, que nenhum desses governos poderá ganhar amigo mais leal e pronto do que o governo brasiliense; além das grandes vantagens que lhes há de provir das relações comerciais que poderão ter reciprocamente com este reino.

Será um ponto preliminar, e principal, o alcançar a boa vontade, o dissipar as desconfianças que podiam haver sobre a boa fé deste governo, o que será fácil conseguir fazendo ver que na porfiosa luta em que o Brasil se acha empenhado, não pode este deixar de fraternizar-se sinceramente com os seus vizinhos. ... terá muita vigilância em perceber se suas aberturas e proposições são acolhidas com interesse, ou se esse governo evita contrair empenhos usando de contemporizações e promessas vagas - e para de algum modo os ligar, fará todos os possíveis esforços para que esses governos mandem para o Rio de Janeiro os seus agentes para que a amizade mais se consolide, dando-lhes a entender que este passo logo será retribuído da parte de S.A.R., que só por isto espera para dar toda a latitude a seus projetos liberais. ...

Com o governo do Paraguai usará da mesma linguagem e insinuações, comunicando-lhes que a Corte do Rio de Janeiro não só admitirá cônsules e vice-cônsules, mas também encarregados políticos ...

V.A.R. tem por supérfluo advertir ... que não se deve abrir com indivíduo algum sobre a essência de sua missão sem o ter previamente sondado, e só sendo pessoa cuja convivência possa ser profíqua.

Deverá igualmente ser nimeamente cauteloso com os habitantes de Montevidéu arredando, mas sem parecer de propósito, qualquer errada suspeita que ali possa haver de que o governo do Rio de Janeiro abandone o estado cisplatino ainda quando em Lisboa cedessem aquele território seja à Espanha ou seja à Buenos Aires; porém, com o governo de Buenos Aires terá ... a este respeito a linguagem política que lhe parecer mais adaptada ao andamento das negociações; mas sem comprometer o governo de S.A.R., cujas verdadeiras intenções são de conservar em sua integridade a incorporação de Montevidéu. ..."

A PRIMEIRA LEI DE IMPRENSA

A importância que José Bonifácio atribuía à liberdade de imprensa não o impediu de tomar medidas severas contra o que considerava serem seus excessos. Indignado com os ataques que sofria, especialmente através do **Correio do Rio de Janeiro**, *em 16 de junho de 1822 decidiu submeter a imprensa a controles legais. Com a concordância do Príncipe Regente, o texto de José Bonifácio foi publicado como Decreto.*

"Havendo ponderado na minha real presença que, mandando eu convocar uma Assembléia Geral Constituinte e Legislativa para o Reino do Brasil, cumpria-me necessariamente e pela suprema lei da salvação pública, evitar que, ou pela imprensa, ou verbalmente ou de qualquer outra maneira, propaguem e publiquem os inimigos da ordem e da tranqüilidade e da união doutrinas incendiárias e subversivas, princípios desorganizadores e dissociáveis que, promovendo a anarquia e a licença, ataquem e destruam o sistema que os povos deste grande e riquíssimo reino por sua própria vontade escolheram, abraçaram e me requereram, a que eu anuí e proclamei, e a cuja defesa e mantença já agora eles e eu estamos indefectivelmente obrigados;

e considerando eu quanto peso tenham essas razões, e procurando ligar a bondade, a justiça e a salvação pública sem ofender a liberdade bem entendida da imprensa, que desejo sustentar e conservar e que tantos bens tem feito à causa sagrada da liberdade brasílica, e fazer aplicáveis em casos tais e quais, e quanto for compatível com as atuais circunstâncias, instituições liberais adotadas pelas nações cultas;

hei por bem, e com o parecer de meu Conselho de Estado, determinar provisoriamente o seguinte:

O Corregedor do Crime da Corte e Casa, que por este nomeio Juiz de Direito nas causas de abuso da liberdade de imprensa e, nas Províncias que tiverem Relação, o Ouvidor do Crime, e o de Comarca nas que a não tiverem, nomeará nos casos ocorrentes e a requerimento do Procurador da Coroa e Fazenda que será o Promotor e Fiscal de tais delitos, vinte e quatro cidadãos escolhidos entre os homens bons, honrados, inteligentes e patriotas, os quais serão Juízes de Fato para conhecerem da criminalidade dos escritos abusivos.

Os réus poderão recusar, desses vinte e quatro nomes, dezesseis; os oito restantes, porém, procederão no exame, conhecimento e averiguação do fato, como se procede nos Conselhos Militares de investigação e acomodando-se, sempre, às formas mais liberais, e admitindo-se o réu à justa defesa que lhe é de razão, necessidade e uso. Determinada a existência da culpa, o Juiz imporá a pena. E porquanto as leis antigas a semelhantes respeitos são muito duras e impróprias das idéias liberais dos tempos em que vivemos, os Juízes de Direito regular-se-ão para esta imposição pelos art. 12 e 13 do título 2º do decreto das Cortes de Lisboa ade 4 de junho de 1821. Os réus só poderão apelar do julgado para a minha real clemência.

E para que o Procurador da Coroa e Fazenda tenha conhecimento dos delitos da imprensa, serão todas as tipografias obrigadas a mandar-lhe um exemplar de todos os papéis que se imprimirem.

Todos os escritos deverão ser assinados pelos escritores para sua responsabilidade, e os editores ou impressores que imprimirem e publicarem papéis anônimos são responsáveis por eles.

Os autores, porém, de pasquins, proclamações incendiárias e outros papéis não impressos, serão processados e punidos na forma prescrita pelo rigor das leis antigas.

MANIFESTO AOS GOVERNOS E NAÇÕES AMIGAS

Escrito por José Bonifácio e assinado pelo Príncipe Regente, o manifesto às nações amigas é datado de 6 de agosto de 1822, um mês antes da independência formal. Nele o Brasil explica os acontecimentos que levaram à ruptura com Portugal, embora mantendo o respeito dinástico a D. João VI de quem D. Pedro era filho e a quem tinha direito de suceder no trono de Portugal. Nesse documento o Brasil se expressa pela primeira vez como uma unidade política autônoma no plano internacional.

"Desejando eu e os povos que me reconhecem como seu Príncipe Regente conservar as relações políticas e comerciais com os governos e nações amigas deste reino e continuar a merecer-lhes a aprovação e estimação de que se faz credor o caráter brasileiro; cumpre-me expor-lhes sucinta mas verdadeiramente a série dos fatos e motivos que me têm obrigado a anuir à vontade geral do Brasil que proclama à face do universo a sua independência política; e quer, como Reino irmão, conservar ilesos e firmes seus imprescritíveis direitos, contra os quais Portugal sempre atentou, e agora mais que nunca, depois da decantada regeneração política da monarquia pelas Cortes de Lisboa.

...

A minha firme resolução e a dos povos que governo estão legitimamente promulgadas. Espero, pois, que os homens sábios e imparciais de todo o mundo e que os governos e nações amigas do Brasil hajam de fazer justiça a tão justos e nobres sentimentos. Eu os convido a continuarem com o Reino do Brasil as mesmas relações de mútuo interesse e amizade. Estarei pronto a receber os seus ministros e agentes diplomáticos, e a enviar-lhes os meus enquanto durar o cativeiro d'El-Rei meu augusto pai. Os portos do Brasil continuarão a estar abertos a todas as nações pacíficas e amigas para o comércio lícito que as leis não proíbem; os colonos europeus que para aqui emigrarem poderão contar com a mais justa proteção neste país rico e hospitaleiro. Os sábios, os artistas, os capitalistas e os empreendedores encontrarão também amizade e acolhimento; e como o Brasil sabe respeitar os direitos dos outros povos e governos legítimos, espera igualmente, por justa retribuição, que seus inalienáveis direitos sejam também por eles respeitados e reconhecidos para se não ver, em caso contrário, na dura necessidade de obrar contra os desejos de seu generoso coração."

INSTRUÇÕES DO ENCARREGADO DE NEGÓCIOS EM LONDRES

Poucos dias após o Manifesto às Nações Amigas, cuidou o governo de D. Pedro de nomear um representante junto à Inglaterra, medida estratégica, devido aos interesses e influência desta tanto no Brasil como em Portugal. José Bonifácio escreveu a Felisberto Caldeira Brant, agente brasileiro em Londres, em 12 de agosto de 1822, recomendando-lhe cautela e firmeza nas relações com a potência inglesa.

"1. Havendo S.A.R. por bem nomeá-lo Seu Encarregado de Negócios junto de S. Majestade Britânica, lhe é por esta ocasião remetida a sua carta de crença que O deve autorizar junto àquele governo; a qual apresentará depois de ter previamente sondado as disposições do Gabinete Britânico, a fim de salvar o decoro deste Reino e a dignidade o Príncipe Regente.

2. Procurará ter todo o conhecimento de quaisquer propostas, projetos e negociações da Corte de Lisboa com a de Londres, e do que descobrir fará prontos avisos, acompanhando-os dos documentos que melhor servirem para ilustrarem ou autenticarem, de forma que possa o nosso Governo, quando convier, fazer deles uso ostensivo.

3. Assim que for recebido como Encarregado de Negócios do Brasil, como é de esperar, exporá com energia e clareza os motivos justos que teve o Brasil

1º de não reconhecer mais a autoridade do Congresso de Lisboa,

2º de querer uma Assembléia Geral Constituinte Legislativa dentro de seu próprio território, que tenha as mesmas atribuições da de Lisboa,

3º de considerar Sua Majestade El Rei O Senhor Dom João VI em estado de coação e cativeiro, sendo por isso indispensável que S.A.R. tente salvá-lo deste afrontoso estado de péssimo exemplo às dinastias reinantes,

4º da necessidade de corresponder-se S.A.R. diretamente com as cortes estrangeiras.

Insistirá, particularmente, sobre o ponto de coação e cativeiro em que se acha El Rei em Lisboa, o que só bastava para que S.A.R. e o Brasil não devessem obedecer aos decretos daquele Congresso, não obstante aparecerem eles revestidos da sanção d"El Rei a qual, por ser forçada, é nula por direito.

4. Mostrará, outrossim, que S.A.R., para conservar a realeza no Brasil e os decretos da Augusta Casa de Bragança devia, como fez, anuir aos votos gerais dos brasileiros que reclamavam a integridade de seu país e a sua independência política, como reino irmão e tão livre como o de Portugal, exigindo, para estes fins, a conservação de S.A.R. e aclamando-o logo depois seu Defensor Perpétuo.

5. Nestas circunstâncias é indubitável a necessidade que tem o mesmo Senhor, para corresponder aos votos dos brasileiros, firmar seus direitos, e defendê-los, de representar no Brasil toda a autoridade que compete ao Chefe Supremo do Poder Executivo, de obrar independentemente de Portugal e de travar relações políticas com as nações estrangeiras que comerciam com este país, com os quais, de fato, se passa a abrir a devida correspondência.

6. Procurará, portanto obter desse Governo o reconhecimento da independência política deste Reino do Brasil e da absoluta Regência de S.A.R. enquanto Sua Majestade se achar no afrontoso estado de cativeiro a que o reduziu o partido faccioso das Cortes de Lisboa."

7. Para que este reconhecimento se consiga, além dos princípios de direito público universal que o abonam, fará ver com toda a destreza que os próprios interesses do governo britânico instam por aquele reconhecimento, pois com ele

1º Se paralisam os projetos dos facciosos de Lisboa, que de tão perigoso exemplo podem ser aos governos legítimos das mais nações,

2º desempenha a Inglaterra o dever de antiga e fiel aliada da Casa de Bragança e procede coerente com seus princípios liberais,

3º e reconhecendo a independência do Brasil satisfaz ao dever que implicitamente contraíra quando em outro tempo reconhecera solenemente a categoria de reino a que este país fora elevado,

4º utiliza no seu comércio, que de certo padeceria se duvidasse reconhecer a independência do Brasil, visto que este reino ... está resolvido a fechar seus portos a qualquer potência que não quiser reconhecer nele o mesmo direito que tem todos os povos de se constituirem em estados independentes quando sua prosperidade e o seu decoro o exigem.

Além disso, fará ver ao ministério britânico que se os governos independentes das ex-províncias americanas espanholas têm sido por tais reconhecidas, e até mesmo de algum modo na Inglaterra, onde já se permitiu a entrada das suas bandeiras, com maior justiça deve ser considerado o Brasil, que há muito tempo deixou de ser colônia e foi elevado à categoria de reino pelo seu legítimo monarca, e como tal foi reconhecido pelas altas potências da Europa.

Mostrará em última análise que S.A.R só levado pelas considerações de amizade e boa harmonia com as nações amigas, e pelo respeito que consagra à opinião do gênero humano, é que patenteia seus firmes princípios, e a resolução destes povos cuja independência pretende seja reconhecida, pois é bem óbvio e evidente que o Brasil não receia as potências européias, de quem se acha apartado por milhares de léguas e nem tampouco precisa delas, por ter no seu próprio solo tudo o que lhe é preciso, importando somente das nações estrangeiras objetos pela maior parte de luxo, que estas trazem por próprio interesse seu. ...

10. Proporá e insistirá com o governo inglês para que envie a esta Corte os seus agentes diplomáricos, como uma retribuição essencialíssima de amizade e franqueza, fazendo sentir àquele governo que este passo parece indispensável depois do Manifesto de S.A.R. às potências.

...

17 ... insinuará com destreza ao ministro britânico como mais um incentivo ao pronto reconhecimento da nossa independência:

– que a potência que for a primeira em reconhecê-la colherá de certo as mais decididas vantagens, sobretudo quando o reconhecimento desta independência é um serviço feito a El-Rei,

– que convirá muito à Inglaterra tomar o passo à França e aos Estados Unidos, pois é mui provável que estas duas potências se rivalizem em vir concertar conosco novas e mais estreitas alianças comerciais e políticas a bem da prosperidade do seu orçamento. ..."

BIBLIOGRAFIA

AZEVEDO, Fernando de *A Transmissão da Cultura*. São Paulo: Melhoramentos, 1976.

BARRETTO, Vicente. *Ideologia e Política no Pensamento de José Bonifácio*. Rio de Janeiro, Zahar, 1977.

BASTIDE, Roger. *As Religiões Africanas no Brasil*. São Paulo: Pioneira, 1985

CARNEIRO, David. *A Vida Gloriosa de José Bonifácio de Andrada e Silva e sua Atuação na Independência do Brasil*. Rio de Janeiro: Civilização Brasileira/INL, 1977.

CASTELLANI, José. *Os Maçons que Fizeram a História do Brasil.* São Paulo: A Gazeta Maçonica, 2ª edição, 1991

COELHO, José Maria Latino. *Elogio histórico de José Bonifácio de Andrada e Silva*, in José Bonifácio de Andrada e Silva, op. cit.

Constituições do Brasil, 1º volume. Coleção Lex, nº 34. Rio de Janeiro: Aurora, s.d.p.

FALCÃO, Edgard de Cerqueira. Nota preliminar, in José Bonifácio de Andrada e Silva, op. cit.

FAORO, Raymundo. *Os Donos do Poder*. Rio de Janeiro: Globo, 1958.

MOREIRA NETO, Carlos de Araújo. *A Política Indigenista Brasileira durante o Século XIX*. Rio Claro: FFCL, 1971.

NEIVA, Venâncio de Figueiredo. *Rezumo Biográfico de José Bonifácio de Andrada e Silva*. Rio de Janeiro: Pongetti, 1938.

OLIVEIRA, José Feliciano. *José Bonifácio e a Independência*. São Paulo: Martins, 1955.

PRADO Jr, Caio. *Evolução Política do Brasil e outros ensaios*. São Paulo: Brasiliense, 1953.

RODRIGUES, José Honório. *O pensamento político e social de José Bonifácio,* in José Bonifácio de Andrada e Silva, op. cit.

SILVA, José Bonifácio da Andrada e *Escritos Políticos.* Cadernos de História 7. Nota Preliminar de Basil Bandecchi. São Paulo: Obelisco: 1964.

SILVA, José Bonifácio de Andrada e. *Obras Científicas, Políticas e Sociais.* Coligidas e reproduzidas por Edgard de Cerqueira Falcão, 3 vols. Santos: Prefeitura Municipal de Santos, 1963.

SODRÉ, Nelson Werneck. *As Razões da Independência.* Rio de Janeiro: Civilização Brasileira, 1965.

SPIX, Johann B. Von e Carl F. Von Martins, *Viagem pelo Brasil.* 1817-1820. Excertos e ilustrações. São Paulo: Melhoramentos, 1968.

SOUZA, Alberto. *Os Andradas*, 3 volumes. São Paulo: Tipografia Piratininga 1922.

SOUZA, Octavio Tarquinio de. *O Pensamento Vivo de José Bonifácio.* São Paulo: Martins, 1944.